신묘장구대다라니

108독 기도집

일심으로 기도하시고
소원성취하시길…

신묘장구대다라니

신묘장구대다라니는 관세음보살과 삼보에 귀의해 삼독을 가라앉히고
깨달음을 기원하는 천수경의 다라니로, 정좌해 천천히 반복 독송하는 것이 핵심입니다.
산스크리트로 되어 있어 해석하기보다는 그대로 독송하는 경우가 많습니다.
관세음보살의 자비로운 마음을 담고 있어 정성껏 기도하면 큰 힘을 얻을 수 있습니다.

신묘장구대다라니

108독 기도집

일심으로 기도하시고
소원성취하시길…

담앤북스

천 수 경

보례진언

아금일신중　　즉현무진신
변재삼보전　　일일무수례

『옴 바아라 믹』(3번)

정구업진언

『수리수리 마하수리 수수리 사바하』(3번)

오방내외안위제신진언

『나무 사만다 못다남 옴 도로 도로 지미 사바하』(3번)

개경게

무상심심미묘법　　백천만겁난조우
아금문견득수지　　원해여래진실의

개법장진언

『옴 아라남 아라다』(3번)

천수천안 관자재보살 광대원만

무애대비심 대다라니 계청

계수관음대비주　　원력홍심상호신
천비장엄보호지　　천안광명변관조
진실어중선밀어　　무위심내기비심
속령만족제희구　　영사멸제제죄업
천룡중성동자호　　백천삼매돈훈수
수지신시광명당　　수지심시신통장

세척진로원제해　　초증보리방편문
아금칭송서귀의　　소원종심실원만
나무대비관세음　　원아속지일체법
나무대비관세음　　원아조득지혜안
나무대비관세음　　원아속도일체중
나무대비관세음　　원아조득선방편
나무대비관세음　　원아속승반야선
나무대비관세음　　원아조득월고해
나무대비관세음　　원아속득계정도
나무대비관세음　　원아조등원적산
나무대비관세음　　원아속회무위사
나무대비관세음　　원아조동법성신

아약향도산　　도산자최절
아약향화탕　　화탕자소멸
아약향지옥　　지옥자고갈
아약향아귀　　아귀자포만

아약향수라　　악심자조복

아약향축생　　자득대지혜

나무관세음보살마하살

나무대세지보살마하살

나무천수보살마하살

나무여의륜보살마하살

나무대륜보살마하살

나무관자재보살마하살

나무정취보살마하살

나무만월보살마하살

나무수월보살마하살

나무군다리보살마하살

나무십일면보살마하살

나무제대보살마하살

『나무본사아미타불』(3번)

 # 신묘장구대다라니

나모 라다나 다라야야 나막알약 바로기제 새바라야
모지사다바야 마하사다바야 마하가로 니가야 옴 살
바 바예수 다라나 가라야 다사명 나막 까리다바 이
맘알야 바로기제 새바라 다바 니라간타 나막하리나
야 마발다 이사미 살발타 사다남 수반아예염 살바
보다남 바바마라 미수다감 다냐타 옴 아로계 아로
가 마지로가 지가란제 혜혜하례 마하모지 사다바
사마라 사마라 하리나야 구로구로 갈마 사다야 사
다야 도로도로 미연제 마하미연제 다라다라 다린
나례 새바라 자라자라 마라미마라 아마라 몰제예혜

혜 로계새바라 라아 미사미 나사야 나베사미사미
나사야 모하자라 미사미 나사야 호로호로 마라호로
하례 바나마나바 사라사라 시리시리 소로소로 못쟈
못쟈 모다야 모다야 매다리야 니라간타 가마사 날
사남 바라하라나야 마낙 사바하 싯다야 사바하 마
하싯다야 사바하 싯다유예 새바라야 사바하 니라간
타야 사바하 바라하 목카싱하 목카야 사바하 바나
마 하따야 사바하 자가라 욕다야 사바하 상카섭나
네 모다나야 사바하 마하라 구타다라야 사바하 바
마사간타 이사시체다 가릿나 이나야 사바하 먀가라
잘마니바 사나야 사바하

『나모라 다나다라 야야 나막알야 바로기제 새바라야
　사바하』 (3번)

1

 신묘장구대다라니

나모 라다나 다라야야 나막알약 바로기제 새바라야
모지사다바야 마하사다바야 마하가로 니가야 옴 살
바 바예수 다라나 가라야 다사명 나막 까리다바 이
맘알야 바로기제 새바라 다바 니라간타 나막하리나
야 마발다 이사미 살발타 사다남 수반아예염 살바
보다남 바바마라 미수다감 다냐타 옴 아로계 아로
가 마지로가 지가란제 혜혜하례 마하모지 사다바
사마라 사마라 하리나야 구로구로 갈마 사다야 사
다야 도로도로 미연제 마하미연제 다라다라 다린
나례 새바라 자라자라 마라미마라 아마라 몰제예혜

혜 로계새바라 라아 미사미 나사야 나베사미사미
나사야 모하자라 미사미 나사야 호로호로 마라호로
하례 바나마나바 사라사라 시리시리 소로소로 못쟈
못쟈 모다야 모다야 매다리야 니라간타 가마사 날
사남 바라하라나야 마낙 사바하 싯다야 사바하 마
하싯다야 사바하 싯다유예 새바라야 사바하 니라간
타야 사바하 바라하 목카싱하 목카야 사바하 바나
마 하따야 사바하 자가라 욕다야 사바하 상카섭나
네 모다나야 사바하 마하라 구타다라야 사바하 바
마사간타 이사시체다 가릿나 이나야 사바하 먀가라
잘마니바 사나야 사바하

『나모라 다나다라 야야 나막알야 바로기제 새바라야
　사바하』(3번)

2

# 신묘장구대다라니

나모 라다나 다라야야 나막알약 바로기제 새바라야 모지사다바야 마하사다바야 마하가로 니가야 옴 살바 바예수 다라나 가라야 다사명 나막 까리다바 이맘알야 바로기제 새바라 다바 니라간타 나막하리나야 마발다 이사미 살발타 사다남 수반아예염 살바 보다남 바바마라 미수다감 다냐타 옴 아로계 아로가 마지로가 지가란제 혜혜하례 마하모지 사다바 사마라 사마라 하리나야 구로구로 갈마 사다야 사다야 도로도로 미연제 마하미연제 다라다라 다린 나례 새바라 자라자라 마라미마라 아마라 몰제예혜

혜 로계새바라 라아 미사미 나사야 나베사미사미
나사야 모하자라 미사미 나사야 호로호로 마라호로
하례 바나마나바 사라사라 시리시리 소로소로 못쟈
못쟈 모다야 모다야 매다리야 니라간타 가마사 날
사남 바라하라나야 마낙 사바하 싯다야 사바하 마
하싯다야 사바하 싯다유예 새바라야 사바하 니라간
타야 사바하 바라하 목카싱하 목카야 사바하 바나
마 하따야 사바하 자가라 욕다야 사바하 상카섭나
네 모다나야 사바하 마하라 구타다라야 사바하 바
마사간타 이사시체다 가릿나 이나야 사바하 먀가라
잘마니바 사나야 사바하

『나모라 다나다라 야야 나막알야 바로기제 새바라야
  사바하』(3번)

3

 # 신묘장구대다라니

나모 라다나 다라야야 나막알약 바로기제 새바라야
모지사다바야 마하사다바야 마하가로 니가야 옴 살
바 바예수 다라나 가라야 다사명 나막 까리다바 이
맘알야 바로기제 새바라 다바 니라간타 나막하리나
야 마발다 이사미 살발타 사다남 수반아예염 살바
보다남 바바마라 미수다감 다냐타 옴 아로계 아로
가 마지로가 지가란제 혜혜하례 마하모지 사다바
사마라 사마라 하리나야 구로구로 갈마 사다야 사
다야 도로도로 미연제 마하미연제 다라다라 다린
나례 새바라 자라자라 마라미마라 아마라 몰제예혜

혜 로계새바라 라아 미사미 나사야 나베사미사미
나사야 모하자라 미사미 나사야 호로호로 마라호로
하례 바나마나바 사라사라 시리시리 소로소로 못쟈
못쟈 모다야 모다야 매다리야 니라간타 가마사 날
사남 바라하라나야 마낙 사바하 싯다야 사바하 마
하싯다야 사바하 싯다유예 새바라야 사바하 니라간
타야 사바하 바라하 목카싱하 목카야 사바하 바나
마 하따야 사바하 자가라 욕다야 사바하 상카섭나
네 모다나야 사바하 마하라 구타다라야 사바하 바
마사간타 이사시체다 가릿나 이나야 사바하 먀가라
잘마니바 사나야 사바하

『나모라 다나다라 야야 나막알야 바로기제 새바라야
  사바하』(3번)

4

 # 신묘장구대다라니

나모 라다나 다라야야 나막알약 바로기제 새바라야
모지사다바야 마하사다바야 마하가로 니가야 옴 살
바 바예수 다라나 가라야 다사명 나막 까리다바 이
맘알야 바로기제 새바라 다바 니라간타 나막하리나
야 마발다 이사미 살발타 사다남 수반아예염 살바
보다남 바바마라 미수다감 다냐타 옴 아로계 아로
가 마지로가 지가란제 혜혜하례 마하모지 사다바
사마라 사마라 하리나야 구로구로 갈마 사다야 사
다야 도로도로 미연제 마하미연제 다라다라 다린
나례 새바라 자라자라 마라미마라 아마라 몰제예혜

혜 로계새바라 라아 미사미 나사야 나베사미사미 나사야 모하자라 미사미 나사야 호로호로 마라호로 하례 바나마나바 사라사라 시리시리 소로소로 못쟈 못쟈 모다야 모다야 매다리야 니라간타 가마사 날 사남 바라하라나야 마낙 사바하 싯다야 사바하 마 하싯다야 사바하 싯다유예 새바라야 사바하 니라간 타야 사바하 바라하 목카싱하 목카야 사바하 바나 마 하따야 사바하 자가라 욕다야 사바하 상카섭나 네 모다나야 사바하 마하라 구타다라야 사바하 바 마사간타 이사시체다 가릿나 이나야 사바하 먀가라 잘마니바 사나야 사바하

『나모라 다나다라 야야 나막알야 바로기제 새바라야 사바하』(3번)

5

 # 신묘장구대다라니

나모 라다나 다라야야 나막알약 바로기제 새바라야 모지사다바야 마하사다바야 마하가로 니가야 옴 살바 바예수 다라나 가라야 다사명 나막 까리다바 이맘알야 바로기제 새바라 다바 니라간타 나막하리나야 마발다 이사미 살발타 사다남 수반아예염 살바 보다남 바바마라 미수다감 다냐타 옴 아로계 아로가 마지로가 지가란제 혜혜하례 마하모지 사다바 사마라 사마라 하리나야 구로구로 갈마 사다야 사다야 도로도로 미연제 마하미연제 다라다라 다린 나례 새바라 자라자라 마라미마라 아마라 몰제예혜

혜 로계새바라 라아 미사미 나사야 나베사미사미
나사야 모하자라 미사미 나사야 호로호로 마라호로
하례 바나마나바 사라사라 시리시리 소로소로 못쟈
못쟈 모다야 모다야 매다리야 니라간타 가마사 날
사남 바라하라나야 마낙 사바하 싯다야 사바하 마
하싯다야 사바하 싯다유예 새바라야 사바하 니라간
타야 사바하 바라하 목카싱하 목카야 사바하 바나
마 하따야 사바하 자가라 욕다야 사바하 상카섭나
네 모다나야 사바하 마하라 구타다라야 사바하 바
마사간타 이사시체다 가릿나 이나야 사바하 먀가라
잘마니바 사나야 사바하

『나모라 다나다라 야야 나막알야 바로기제 새바라야
　사바하』(3번)

6

# 신묘장구대다라니

나모 라다나 다라야야 나막알약 바로기제 새바라야
모지사다바야 마하사다바야 마하가로 니가야 옴 살
바 바예수 다라나 가라야 다사명 나막 까리다바 이
맘알야 바로기제 새바라 다바 니라간타 나막하리나
야 마발다 이사미 살발타 사다남 수반아예염 살바
보다남 바바마라 미수다감 다냐타 옴 아로계 아로
가 마지로가 지가란제 혜혜하례 마하모지 사다바
사마라 사마라 하리나야 구로구로 갈마 사다야 사
다야 도로도로 미연제 마하미연제 다라다라 다린
나례 새바라 자라자라 마라미마라 아마라 몰제예혜

혜 로계새바라 라아 미사미 나사야 나베사미사미 나사야 모하자라 미사미 나사야 호로호로 마라호로 하례 바나마나바 사라사라 시리시리 소로소로 못쟈 못쟈 모다야 모다야 매다리야 니라간타 가마사 날사남 바라하라나야 마낙 사바하 싯다야 사바하 마하싯다야 사바하 싯다유예 새바라야 사바하 니라간타야 사바하 바라하 목카싱하 목카야 사바하 바나마 하따야 사바하 자가라 욕다야 사바하 상카섭나네 모다나야 사바하 마하라 구타다라야 사바하 바마사간타 이사시체다 가릿나 이나야 사바하 먀가라 잘마니바 사나야 사바하

『나모라 다나다라 야야 나막알야 바로기제 새바라야 사바하』(3번)

7

 # 신묘장구대다라니

나모 라다나 다라야야 나막알약 바로기제 새바라야 모지사다바야 마하사다바야 마하가로 니가야 옴 살바 바예수 다라나 가라야 다사명 나막 까리다바 이맘알야 바로기제 새바라 다바 니라간타 나막하리나야 마발다 이사미 살발타 사다남 수반아예염 살바 보다남 바바마라 미수다감 다냐타 옴 아로계 아로가 마지로가 지가란제 혜혜하례 마하모지 사다바 사마라 사마라 하리나야 구로구로 갈마 사다야 사다야 도로도로 미연제 마하미연제 다라다라 다린나례 새바라 자라자라 마라미마라 아마라 몰제예혜

혜 로계새바라 라아 미사미 나사야 나베사미사미
나사야 모하자라 미사미 나사야 호로호로 마라호로
하례 바나마나바 사라사라 시리시리 소로소로 못쟈
못쟈 모다야 모다야 매다리야 니라간타 가마사 날
사남 바라하라나야 마낙 사바하 싯다야 사바하 마
하싯다야 사바하 싯다유예 새바라야 사바하 니라간
타야 사바하 바라하 목카싱하 목카야 사바하 바나
마 하따야 사바하 자가라 욕다야 사바하 상카섭나
네 모다나야 사바하 마하라 구타다라야 사바하 바
마사간타 이사시체다 가릿나 이나야 사바하 먀가라
잘마니바 사나야 사바하

『나모라 다나다라 야야 나막알야 바로기제 새바라야
　사바하』(3번)

8

# 신묘장구대다라니

나모 라다나 다라야야 나막알약 바로기제 새바라야 모지사다바야 마하사다바야 마하가로 니가야 옴 살바 바예수 다라나 가라야 다사명 나막 까리다바 이맘알야 바로기제 새바라 다바 니라간타 나막하리나야 마발다 이사미 살발타 사다남 수반아예염 살바 보다남 바바마라 미수다감 다냐타 옴 아로계 아로가 마지로가 지가란제 혜혜하례 마하모지 사다바 사마라 사마라 하리나야 구로구로 갈마 사다야 사다야 도로도로 미연제 마하미연제 다라다라 다린 나례 새바라 자라자라 마라미마라 아마라 몰제예혜

혜 로계새바라 라아 미사미 나사야 나베사미사미
나사야 모하자라 미사미 나사야 호로호로 마라호로
하례 바나마나바 사라사라 시리시리 소로소로 못쟈
못쟈 모다야 모다야 매다리야 니라간타 가마사 날
사남 바라하라나야 마낙 사바하 싯다야 사바하 마
하싯다야 사바하 싯다유예 새바라야 사바하 니라간
타야 사바하 바라하 목카싱하 목카야 사바하 바나
마 하따야 사바하 자가라 욕다야 사바하 상카섭나
네 모다나야 사바하 마하라 구타다라야 사바하 바
마사간타 이사시체다 가릿나 이나야 사바하 먀가라
잘마니바 사나야 사바하

『나모라 다나다라 야야 나막알야 바로기제 새바라야
　사바하』 (3번)

# 신묘장구대다라니

나모 라다나 다라야야 나막알약 바로기제 새바라야
모지사다바야 마하사다바야 마하가로 니가야 옴 살
바 바예수 다라나 가라야 다사명 나막 까리다바 이
맘알야 바로기제 새바라 다바 니라간타 나막하리나
야 마발다 이사미 살발타 사다남 수반아예염 살바
보다남 바바마라 미수다감 다냐타 옴 아로계 아로
가 마지로가 지가란제 혜혜하례 마하모지 사다바
사마라 사마라 하리나야 구로구로 갈마 사다야 사
다야 도로도로 미연제 마하미연제 다라다라 다린
나례 새바라 자라자라 마라미마라 아마라 몰제예혜

혜 로계새바라 라아 미사미 나사야 나베사미사미
나사야 모하자라 미사미 나사야 호로호로 마라호로
하례 바나마나바 사라사라 시리시리 소로소로 못쟈
못쟈 모다야 모다야 매다리야 니라간타 가마사 날
사남 바라하라나야 마낙 사바하 싯다야 사바하 마
하싯다야 사바하 싯다유예 새바라야 사바하 니라간
타야 사바하 바라하 목카싱하 목카야 사바하 바나
마 하따야 사바하 자가라 욕다야 사바하 상카섭나
네 모다나야 사바하 마하라 구타다라야 사바하 바
마사간타 이사시체다 가릿나 이나야 사바하 먀가라
잘마니바 사나야 사바하

『나모라 다나다라 야야 나막알야 바로기제 새바라야
　사바하』(3번)

10

 # 신묘장구대다라니

나모 라다나 다라야야 나막알약 바로기제 새바라야
모지사다바야 마하사다바야 마하가로 니가야 옴 살
바 바예수 다라나 가라야 다사명 나막 까리다바 이
맘알야 바로기제 새바라 다바 니라간타 나막하리나
야 마발다 이사미 살발타 사다남 수반아예염 살바
보다남 바바마라 미수다감 다냐타 옴 아로계 아로
가 마지로가 지가란제 혜혜하례 마하모지 사다바
사마라 사마라 하리나야 구로구로 갈마 사다야 사
다야 도로도로 미연제 마하미연제 다라다라 다린
나례 새바라 자라자라 마라미마라 아마라 몰제예혜

혜 로계새바라 라아 미사미 나사야 나베사미사미
나사야 모하자라 미사미 나사야 호로호로 마라호로
하례 바나마나바 사라사라 시리시리 소로소로 못쟈
못쟈 모다야 모다야 매다리야 니라간타 가마사 날
사남 바라하라나야 마낙 사바하 싯다야 사바하 마
하싯다야 사바하 싯다유예 새바라야 사바하 니라간
타야 사바하 바라하 목카싱하 목카야 사바하 바나
마 하따야 사바하 자가라 욕다야 사바하 상카섭나
네 모다나야 사바하 마하라 구타다라야 사바하 바
마사간타 이사시체다 가릿나 이나야 사바하 먀가라
잘마니바 사나야 사바하

『나모라 다나다라 야야 나막알야 바로기제 새바라야
  사바하』(3번)

11

 # 신묘장구대다라니

나모 라다나 다라야야 나막알약 바로기제 새바라야
모지사다바야 마하사다바야 마하가로 니가야 옴 살
바 바예수 다라나 가라야 다사명 나막 까리다바 이
맘알야 바로기제 새바라 다바 니라간타 나막하리나
야 마발다 이사미 살발타 사다남 수반아예염 살바
보다남 바바마라 미수다감 다냐타 옴 아로계 아로
가 마지로가 지가란제 혜혜하례 마하모지 사다바
사마라 사마라 하리나야 구로구로 갈마 사다야 사
다야 도로도로 미연제 마하미연제 다라다라 다린
나례 새바라 자라자라 마라미마라 아마라 몰제예혜

혜 로계새바라 라아 미사미 나사야 나베사미사미 나사야 모하자라 미사미 나사야 호로호로 마라호로 하례 바나마나바 사라사라 시리시리 소로소로 못쟈 못쟈 모다야 모다야 매다리야 니라간타 가마사 날사남 바라하라나야 마낙 사바하 싯다야 사바하 마하싯다야 사바하 싯다유예 새바라야 사바하 니라간타야 사바하 바라하 목카싱하 목카야 사바하 바나마 하따야 사바하 자가라 욕다야 사바하 상카섭나네 모다나야 사바하 마하라 구타다라야 사바하 바마사간타 이사시체다 가릿나 이나야 사바하 먀가라 잘마니바 사나야 사바하

『나모라 다나다라 야야 나막알야 바로기제 새바라야 사바하』 (3번)

12

신묘장구대다라니

나모 라다나 다라야야 나막알약 바로기제 새바라야
모지사다바야 마하사다바야 마하가로 니가야 옴 살
바 바예수 다라나 가라야 다사명 나막 까리다바 이
맘알야 바로기제 새바라 다바 니라간타 나막하리나
야 마발다 이사미 살발타 사다남 수반아예염 살바
보다남 바바마라 미수다감 다냐타 옴 아로계 아로
가 마지로가 지가란제 혜혜하례 마하모지 사다바
사마라 사마라 하리나야 구로구로 갈마 사다야 사
다야 도로도로 미연제 마하미연제 다라다라 다린
나례 새바라 자라자라 마라미마라 아마라 몰제예혜

혜 로계새바라 라아 미사미 나사야 나베사미사미 나사야 모하자라 미사미 나사야 호로호로 마라호로 하례 바나마나바 사라사라 시리시리 소로소로 못쟈 못쟈 모다야 모다야 매다리야 니라간타 가마사 날사남 바라하라나야 마낙 사바하 싯다야 사바하 마하싯다야 사바하 싯다유예 새바라야 사바하 니라간타야 사바하 바라하 목카싱하 목카야 사바하 바나마 하따야 사바하 자가라 욕다야 사바하 상카섭나네 모다나야 사바하 마하라 구타다라야 사바하 바마사간타 이사시체다 가릿나 이나야 사바하 먀가라 잘마니바 사나야 사바하

『나모라 다나다라 야야 나막알야 바로기제 새바라야 사바하』(3번)

13

 # 신묘장구대다라니

나모 라다나 다라야야 나막알약 바로기제 새바라야
모지사다바야 마하사다바야 마하가로 니가야 옴 살
바 바예수 다라나 가라야 다사명 나막 까리다바 이
맘알야 바로기제 새바라 다바 니라간타 나막하리나
야 마발다 이사미 살발타 사다남 수반아예염 살바
보다남 바바마라 미수다감 다냐타 옴 아로계 아로
가 마지로가 지가란제 혜혜하례 마하모지 사다바
사마라 사마라 하리나야 구로구로 갈마 사다야 사
다야 도로도로 미연제 마하미연제 다라다라 다린
나례 새바라 자라자라 마라미마라 아마라 몰제예혜

혜 로계새바라 라아 미사미 나사야 나베사미사미 나사야 모하자라 미사미 나사야 호로호로 마라호로 하례 바나마나바 사라사라 시리시리 소로소로 못쟈 못쟈 모다야 모다야 매다리야 니라간타 가마사 날사남 바라하라나야 마낙 사바하 싯다야 사바하 마하싯다야 사바하 싯다유예 새바라야 사바하 니라간타야 사바하 바라하 목카싱하 목카야 사바하 바나마 하따야 사바하 자가라 욕다야 사바하 상카섭나네 모다나야 사바하 마하라 구타다라야 사바하 바마사간타 이사시체다 가릿나 이나야 사바하 먀가라 잘마니바 사나야 사바하

『나모라 다나다라 야야 나막알야 바로기제 새바라야 사바하』(3번)

14

 # 신묘장구대다라니

나모 라다나 다라야야 나막알약 바로기제 새바라야
모지사다바야 마하사다바야 마하가로 니가야 옴 살
바 바예수 다라나 가라야 다사명 나막 까리다바 이
맘알야 바로기제 새바라 다바 니라간타 나막하리나
야 마발다 이사미 살발타 사다남 수반아예염 살바
보다남 바바마라 미수다감 다냐타 옴 아로계 아로
가 마지로가 지가란제 혜혜하례 마하모지 사다바
사마라 사마라 하리나야 구로구로 갈마 사다야 사
다야 도로도로 미연제 마하미연제 다라다라 다린
나례 새바라 자라자라 마라미마라 아마라 몰제예혜

혜 로계새바라 라아 미사미 나사야 나베사미사미 나사야 모하자라 미사미 나사야 호로호로 마라호로 하례 바나마나바 사라사라 시리시리 소로소로 못쟈 못쟈 모다야 모다야 매다리야 니라간타 가마사 날사남 바라하라나야 마낙 사바하 싯다야 사바하 마하싯다야 사바하 싯다유예 새바라야 사바하 니라간타야 사바하 바라하 목카싱하 목카야 사바하 바나마 하따야 사바하 자가라 욕다야 사바하 상카섭나네 모다나야 사바하 마하라 구타다라야 사바하 바마사간타 이사시체다 가릿나 이나야 사바하 먀가라 잘마니바 사나야 사바하

『나모라 다나다라 야야 나막알야 바로기제 새바라야 사바하』(3번)

15

# 신묘장구대다라니

나모 라다나 다라야야 나막알약 바로기제 새바라야
모지사다바야 마하사다바야 마하가로 니가야 옴 살
바 바예수 다라나 가라야 다사명 나막 까리다바 이
맘알야 바로기제 새바라 다바 니라간타 나막하리나
야 마발다 이사미 살발타 사다남 수반아예염 살바
보다남 바바마라 미수다감 다냐타 옴 아로계 아로
가 마지로가 지가란제 혜혜하례 마하모지 사다바
사마라 사마라 하리나야 구로구로 갈마 사다야 사
다야 도로도로 미연제 마하미연제 다라다라 다린
나례 새바라 자라자라 마라미마라 아마라 몰제예혜

혜 로계새바라 라아 미사미 나사야 나베사미사미
나사야 모하자라 미사미 나사야 호로호로 마라호로
하례 바나마나바 사라사라 시리시리 소로소로 못쟈
못쟈 모다야 모다야 매다리야 니라간타 가마사 날
사남 바라하라나야 마낙 사바하 싯다야 사바하 마
하싯다야 사바하 싯다유예 새바라야 사바하 니라간
타야 사바하 바라하 목카싱하 목카야 사바하 바나
마 하따야 사바하 자가라 욕다야 사바하 상카섭나
네 모다나야 사바하 마하라 구타다라야 사바하 바
마사간타 이사시체다 가릿나 이나야 사바하 먀가라
잘마니바 사나야 사바하

『나모라 다나다라 야야 나막알야 바로기제 새바라야
　사바하』(3번)

 # 신묘장구대다라니

나모 라다나 다라야야 나막알약 바로기제 새바라야 모지사다바야 마하사다바야 마하가로 니가야 옴 살바 바예수 다라나 가라야 다사명 나막 까리다바 이맘알야 바로기제 새바라 다바 니라간타 나막하리나야 마발다 이사미 살발타 사다남 수반아예염 살바 보다남 바바마라 미수다감 다냐타 옴 아로계 아로가 마지로가 지가란제 혜혜하례 마하모지 사다바 사마라 사마라 하리나야 구로구로 갈마 사다야 사다야 도로도로 미연제 마하미연제 다라다라 다린나례 새바라 자라자라 마라미마라 아마라 몰제예혜

혜 로계새바라 라아 미사미 나사야 나베사미사미
나사야 모하자라 미사미 나사야 호로호로 마라호로
하례 바나마나바 사라사라 시리시리 소로소로 못쟈
못쟈 모다야 모다야 매다리야 니라간타 가마사 날
사남 바라하라나야 마낙 사바하 싯다야 사바하 마
하싯다야 사바하 싯다유예 새바라야 사바하 니라간
타야 사바하 바라하 목카싱하 목카야 사바하 바나
마 하따야 사바하 자가라 욕다야 사바하 상카섭나
네 모다나야 사바하 마하라 구타다라야 사바하 바
마사간타 이사시체다 가릿나 이나야 사바하 먀가라
잘마니바 사나야 사바하

『나모라 다나다라 야야 나막알야 바로기제 새바라야
  사바하』 (3번))

17

 신묘장구대다라니

나모 라다나 다라야야 나막알약 바로기제 새바라야
모지사다바야 마하사다바야 마하가로 니가야 옴 살
바 바예수 다라나 가라야 다사명 나막 까리다바 이
맘알야 바로기제 새바라 다바 니라간타 나막하리나
야 마발다 이사미 살발타 사다남 수반아예염 살바
보다남 바바마라 미수다감 다냐타 옴 아로계 아로
가 마지로가 지가란제 혜혜하례 마하모지 사다바
사마라 사마라 하리나야 구로구로 갈마 사다야 사
다야 도로도로 미연제 마하미연제 다라다라 다린
나례 새바라 자라자라 마라미마라 아마라 몰제예혜

혜 로계새바라 라아 미사미 나사야 나베사미사미
나사야 모하자라 미사미 나사야 호로호로 마라호로
하례 바나마나바 사라사라 시리시리 소로소로 못쟈
못쟈 모다야 모다야 매다리야 니라간타 가마사 날
사남 바라하라나야 마낙 사바하 싯다야 사바하 마
하싯다야 사바하 싯다유예 새바라야 사바하 니라간
타야 사바하 바라하 목카싱하 목카야 사바하 바나
마 하따야 사바하 자가라 욕다야 사바하 상카섭나
네 모다나야 사바하 마하라 구타다라야 사바하 바
마사간타 이사시체다 가릿나 이나야 사바하 먀가라
잘마니바 사나야 사바하

『나모라 다나다라 야야 나막알야 바로기제 새바라야
  사바하』(3번)

18

# 신묘장구대다라니

나모 라다나 다라야야 나막알약 바로기제 새바라야
모지사다바야 마하사다바야 마하가로 니가야 옴 살
바 바예수 다라나 가라야 다사명 나막 까리다바 이
맘알야 바로기제 새바라 다바 니라간타 나막하리나
야 마발다 이사미 살발타 사다남 수반아예염 살바
보다남 바바마라 미수다감 다냐타 옴 아로계 아로
가 마지로가 지가란제 혜혜하례 마하모지 사다바
사마라 사마라 하리나야 구로구로 갈마 사다야 사
다야 도로도로 미연제 마하미연제 다라다라 다린
나례 새바라 자라자라 마라미마라 아마라 몰제예혜

혜 로계새바라 라아 미사미 나사야 나베사미사미
나사야 모하자라 미사미 나사야 호로호로 마라호로
하례 바나마나바 사라사라 시리시리 소로소로 못쟈
못쟈 모다야 모다야 매다리야 니라간타 가마사 날
사남 바라하라나야 마낙 사바하 싯다야 사바하 마
하싯다야 사바하 싯다유예 새바라야 사바하 니라간
타야 사바하 바라하 목카싱하 목카야 사바하 바나
마 하따야 사바하 자가라 욕다야 사바하 상카섭나
네 모다나야 사바하 마하라 구타다라야 사바하 바
마사간타 이사시체다 가릿나 이나야 사바하 먀가라
잘마니바 사나야 사바하

『나모라 다나다라 야야 나막알야 바로기제 새바라야
　사바하』(3번)

19

# 신묘장구대다라니

나모 라다나 다라야야 나막알약 바로기제 새바라야
모지사다바야 마하사다바야 마하가로 니가야 옴 살
바 바예수 다라나 가라야 다사명 나막 까리다바 이
맘알야 바로기제 새바라 다바 니라간타 나막하리나
야 마발다 이사미 살발타 사다남 수반아예염 살바
보다남 바바마라 미수다감 다냐타 옴 아로계 아로
가 마지로가 지가란제 혜혜하례 마하모지 사다바
사마라 사마라 하리나야 구로구로 갈마 사다야 사
다야 도로도로 미연제 마하미연제 다라다라 다린
나례 새바라 자라자라 마라미마라 아마라 몰제예혜

혜 로계새바라 라아 미사미 나사야 나베사미사미 나사야 모하자라 미사미 나사야 호로호로 마라호로 하례 바나마나바 사라사라 시리시리 소로소로 못쟈 못쟈 모다야 모다야 매다리야 니라간타 가마사 날사남 바라하라나야 마낙 사바하 싯다야 사바하 마하싯다야 사바하 싯다유예 새바라야 사바하 니라간타야 사바하 바라하 목카싱하 목카야 사바하 바나마 하따야 사바하 자가라 욕다야 사바하 상카섭나네 모다나야 사바하 마하라 구타다라야 사바하 바마사간타 이사시체다 가릿나 이나야 사바하 먀가라 잘마니바 사나야 사바하

『나모라 다나다라 야야 나막알야 바로기제 새바라야 사바하』(3번)

신묘장구대다라니

나모 라다나 다라야야 나막알약 바로기제 새바라야
모지사다바야 마하사다바야 마하가로 니가야 옴 살
바 바예수 다라나 가라야 다사명 나막 까리다바 이
맘알야 바로기제 새바라 다바 니라간타 나막하리나
야 마발다 이사미 살발타 사다남 수반아예염 살바
보다남 바바마라 미수다감 다냐타 옴 아로계 아로
가 마지로가 지가란제 혜혜하례 마하모지 사다바
사마라 사마라 하리나야 구로구로 갈마 사다야 사
다야 도로도로 미연제 마하미연제 다라다라 다린
나례 새바라 자라자라 마라미마라 아마라 몰제예혜

혜 로계새바라 라아 미사미 나사야 나베사미사미
나사야 모하자라 미사미 나사야 호로호로 마라호로
하례 바나마나바 사라사라 시리시리 소로소로 못쟈
못쟈 모다야 모다야 매다리야 니라간타 가마사 날
사남 바라하라나야 마낙 사바하 싯다야 사바하 마
하싯다야 사바하 싯다유예 새바라야 사바하 니라간
타야 사바하 바라하 목카싱하 목카야 사바하 바나
마 하따야 사바하 자가라 욕다야 사바하 상카섭나
네 모다나야 사바하 마하라 구타다라야 사바하 바
마사간타 이사시체다 가릿나 이나야 사바하 먀가라
잘마니바 사나야 사바하

『나모라 다나다라 야야 나막알야 바로기제 새바라야
 사바하』(3번)

21

 # 신묘장구대다라니

나모 라다나 다라야야 나막알약 바로기제 새바라야 모지사다바야 마하사다바야 마하가로 니가야 옴 살바 바예수 다라나 가라야 다사명 나막 까리다바 이맘알야 바로기제 새바라 다바 니라간타 나막하리나야 마발다 이사미 살발타 사다남 수반아예염 살바 보다남 바바마라 미수다감 다냐타 옴 아로계 아로가 마지로가 지가란제 혜혜하례 마하모지 사다바 사마라 사마라 하리나야 구로구로 갈마 사다야 사다야 도로도로 미연제 마하미연제 다라다라 다린나례 새바라 자라자라 마라미마라 아마라 몰제예혜

혜 로계새바라 라아 미사미 나사야 나베사미사미
나사야 모하자라 미사미 나사야 호로호로 마라호로
하례 바나마나바 사라사라 시리시리 소로소로 못쟈
못쟈 모다야 모다야 매다리야 니라간타 가마사 날
사남 바라하라나야 마낙 사바하 싯다야 사바하 마
하싯다야 사바하 싯다유예 새바라야 사바하 니라간
타야 사바하 바라하 목카싱하 목카야 사바하 바나
마 하따야 사바하 자가라 욕다야 사바하 상카섭나
네 모다나야 사바하 마하라 구타다라야 사바하 바
마사간타 이사시체다 가릿나 이나야 사바하 먀가라
잘마니바 사나야 사바하

『나모라 다나다라 야야 나막알야 바로기제 새바라야
  사바하』(3번)

22

 # 신묘장구대다라니

나모 라다나 다라야야 나막알약 바로기제 새바라야
모지사다바야 마하사다바야 마하가로 니가야 옴 살
바 바예수 다라나 가라야 다사명 나막 까리다바 이
맘알야 바로기제 새바라 다바 니라간타 나막하리나
야 마발다 이사미 살발타 사다남 수반아예염 살바
보다남 바바마라 미수다감 다냐타 옴 아로계 아로
가 마지로가 지가란제 혜혜하례 마하모지 사다바
사마라 사마라 하리나야 구로구로 갈마 사다야 사
다야 도로도로 미연제 마하미연제 다라다라 다린
나례 새바라 자라자라 마라미마라 아마라 몰제예혜

혜 로계새바라 라아 미사미 나사야 나베사미사미 나사야 모하자라 미사미 나사야 호로호로 마라호로 하례 바나마나바 사라사라 시리시리 소로소로 못쟈 못쟈 모다야 모다야 매다리야 니라간타 가마사 날 사남 바라하라나야 마낙 사바하 싯다야 사바하 마 하싯다야 사바하 싯다유예 새바라야 사바하 니라간 타야 사바하 바라하 목카싱하 목카야 사바하 바나 마 하따야 사바하 자가라 욕다야 사바하 상카섭나 네 모다나야 사바하 마하라 구타다라야 사바하 바 마사간타 이사시체다 가릿나 이나야 사바하 먀가라 잘마니바 사나야 사바하

『나모라 다나다라 야야 나막알야 바로기제 새바라야 사바하』 (3번)

23

 # 신묘장구대다라니

나모 라다나 다라야야 나막알약 바로기제 새바라야
모지사다바야 마하사다바야 마하가로 니가야 옴 살
바 바예수 다라나 가라야 다사명 나막 까리다바 이
맘알야 바로기제 새바라 다바 니라간타 나막하리나
야 마발다 이사미 살발타 사다남 수반아예염 살바
보다남 바바마라 미수다감 다냐타 옴 아로계 아로
가 마지로가 지가란제 혜혜하례 마하모지 사다바
사마라 사마라 하리나야 구로구로 갈마 사다야 사
다야 도로도로 미연제 마하미연제 다라다라 다린
나례 새바라 자라자라 마라미마라 아마라 몰제예혜

혜 로계새바라 라아 미사미 나사야 나베사미사미
나사야 모하자라 미사미 나사야 호로호로 마라호로
하례 바나마나바 사라사라 시리시리 소로소로 못쟈
못쟈 모다야 모다야 매다리야 니라간타 가마사 날
사남 바라하라나야 마낙 사바하 싯다야 사바하 마
하싯다야 사바하 싯다유예 새바라야 사바하 니라간
타야 사바하 바라하 목카싱하 목카야 사바하 바나
마 하따야 사바하 자가라 욕다야 사바하 상카섭나
네 모다나야 사바하 마하라 구타다라야 사바하 바
마사간타 이사시체다 가릿나 이나야 사바하 먀가라
잘마니바 사나야 사바하

『나모라 다나다라 야야 나막알야 바로기제 새바라야
  사바하』(3번)

24

# 신묘장구대다라니

나모 라다나 다라야야 나막알약 바로기제 새바라야
모지사다바야 마하사다바야 마하가로 니가야 옴 살
바 바예수 다라나 가라야 다사명 나막 까리다바 이
맘알야 바로기제 새바라 다바 니라간타 나막하리나
야 마발다 이사미 살발타 사다남 수반아예염 살바
보다남 바바마라 미수다감 다냐타 옴 아로계 아로
가 마지로가 지가란제 혜혜하례 마하모지 사다바
사마라 사마라 하리나야 구로구로 갈마 사다야 사
다야 도로도로 미연제 마하미연제 다라다라 다린
나례 새바라 자라자라 마라미마라 아마라 몰제예혜

혜 로계새바라 라아 미사미 나사야 나베사미사미 나사야 모하자라 미사미 나사야 호로호로 마라호로 하례 바나마나바 사라사라 시리시리 소로소로 못쟈 못쟈 모다야 모다야 매다리야 니라간타 가마사 날사남 바라하라나야 마낙 사바하 싯다야 사바하 마하싯다야 사바하 싯다유예 새바라야 사바하 니라간타야 사바하 바라하 목카싱하 목카야 사바하 바나마 하따야 사바하 자가라 욕다야 사바하 상카섭나네 모다나야 사바하 마하라 구타다라야 사바하 바마사간타 이사시체다 가릿나 이나야 사바하 먀가라 잘마니바 사나야 사바하

『나모라 다나다라 야야 나막알야 바로기제 새바라야 사바하』(3번)

# 신묘장구대다라니

나모 라다나 다라야야 나막알약 바로기제 새바라야
모지사다바야 마하사다바야 마하가로 니가야 옴 살
바 바예수 다라나 가라야 다사명 나막 까리다바 이
맘알야 바로기제 새바라 다바 니라간타 나막하리나
야 마발다 이사미 살발타 사다남 수반아예염 살바
보다남 바바마라 미수다감 다냐타 옴 아로계 아로
가 마지로가 지가란제 혜혜하례 마하모지 사다바
사마라 사마라 하리나야 구로구로 갈마 사다야 사
다야 도로도로 미연제 마하미연제 다라다라 다린
나례 새바라 자라자라 마라미마라 아마라 몰제예혜

혜 로계새바라 라아 미사미 나사야 나베사미사미
나사야 모하자라 미사미 나사야 호로호로 마라호로
하례 바나마나바 사라사라 시리시리 소로소로 못쟈
못쟈 모다야 모다야 매다리야 니라간타 가마사 날
사남 바라하라나야 마낙 사바하 싯다야 사바하 마
하싯다야 사바하 싯다유예 새바라야 사바하 니라간
타야 사바하 바라하 목카싱하 목카야 사바하 바나
마 하따야 사바하 자가라 욕다야 사바하 상카섭나
네 모다나야 사바하 마하라 구타다라야 사바하 바
마사간타 이사시체다 가릿나 이나야 사바하 먀가라
잘마니바 사나야 사바하

『나모라 다나다라 야야 나막알야 바로기제 새바라야
  사바하』(3번)

26

 # 신묘장구대다라니

나모 라다나 다라야야 나막알약 바로기제 새바라야
모지사다바야 마하사다바야 마하가로 니가야 옴 살
바 바예수 다라나 가라야 다사명 나막 까리다바 이
맘알야 바로기제 새바라 다바 니라간타 나막하리나
야 마발다 이사미 살발타 사다남 수반아예염 살바
보다남 바바마라 미수다감 다냐타 옴 아로계 아로
가 마지로가 지가란제 혜혜하례 마하모지 사다바
사마라 사마라 하리나야 구로구로 갈마 사다야 사
다야 도로도로 미연제 마하미연제 다라다라 다린
나례 새바라 자라자라 마라미마라 아마라 몰제예혜

혜 로계새바라 라아 미사미 나사야 나베사미사미
나사야 모하자라 미사미 나사야 호로호로 마라호로
하례 바나마나바 사라사라 시리시리 소로소로 못쟈
못쟈 모다야 모다야 매다리야 니라간타 가마사 날
사남 바라하라나야 마낙 사바하 싯다야 사바하 마
하싯다야 사바하 싯다유예 새바라야 사바하 니라간
타야 사바하 바라하 목카싱하 목카야 사바하 바나
마 하따야 사바하 자가라 욕다야 사바하 상카섭나
네 모다나야 사바하 마하라 구타다라야 사바하 바
마사간타 이사시체다 가릿나 이나야 사바하 먀가라
잘마니바 사나야 사바하

『나모라 다나다라 야야 나막알야 바로기제 새바라야
　사바하』(3번)

27

 # 신묘장구대다라니

나모 라다나 다라야야 나막알약 바로기제 새바라야
모지사다바야 마하사다바야 마하가로 니가야 옴 살
바 바예수 다라나 가라야 다사명 나막 까리다바 이
맘알야 바로기제 새바라 다바 니라간타 나막하리나
야 마발다 이사미 살발타 사다남 수반아예염 살바
보다남 바바마라 미수다감 다냐타 옴 아로계 아로
가 마지로가 지가란제 혜혜하례 마하모지 사다바
사마라 사마라 하리나야 구로구로 갈마 사다야 사
다야 도로도로 미연제 마하미연제 다라다라 다린
나례 새바라 자라자라 마라미마라 아마라 몰제예혜

혜 로계새바라 라아 미사미 나사야 나베사미사미 나사야 모하자라 미사미 나사야 호로호로 마라호로 하례 바나마나바 사라사라 시리시리 소로소로 못쟈 못쟈 모다야 모다야 매다리야 니라간타 가마사 날사남 바라하라나야 마낙 사바하 싯다야 사바하 마하싯다야 사바하 싯다유예 새바라야 사바하 니라간타야 사바하 바라하 목카싱하 목카야 사바하 바나마 하따야 사바하 자가라 욕다야 사바하 상카섭나네 모다나야 사바하 마하라 구타다라야 사바하 바마사간타 이사시체다 가릿나 이나야 사바하 먀가라 잘마니바 사나야 사바하

『나모라 다나다라 야야 나막알야 바로기제 새바라야 사바하』 (3번)

28

 # 신묘장구대다라니

나모 라다나 다라야야 나막알약 바로기제 새바라야
모지사다바야 마하사다바야 마하가로 니가야 옴 살
바 바예수 다라나 가라야 다사명 나막 까리다바 이
맘알야 바로기제 새바라 다바 니라간타 나막하리나
야 마발다 이사미 살발타 사다남 수반아예염 살바
보다남 바바마라 미수다감 다냐타 옴 아로계 아로
가 마지로가 지가란제 혜혜하례 마하모지 사다바
사마라 사마라 하리나야 구로구로 갈마 사다야 사
다야 도로도로 미연제 마하미연제 다라다라 다린
나례 새바라 자라자라 마라미마라 아마라 몰제예혜

혜 로계새바라 라아 미사미 나사야 나베사미사미
나사야 모하자라 미사미 나사야 호로호로 마라호로
하례 바나마나바 사라사라 시리시리 소로소로 못쟈
못쟈 모다야 모다야 매다리야 니라간타 가마사 날
사남 바라하라나야 마낙 사바하 싯다야 사바하 마
하싯다야 사바하 싯다유예 새바라야 사바하 니라간
타야 사바하 바라하 목카싱하 목카야 사바하 바나
마 하따야 사바하 자가라 욕다야 사바하 상카섭나
네 모다나야 사바하 마하라 구타다라야 사바하 바
마사간타 이사시체다 가릿나 이나야 사바하 먀가라
잘마니바 사나야 사바하

『나모라 다나다라 야야 나막알야 바로기제 새바라야
  사바하』(3번)

 신묘장구대다라니

나모 라다나 다라야야 나막알약 바로기제 새바라야 모지사다바야 마하사다바야 마하가로 니가야 옴 살바 바예수 다라나 가라야 다사명 나막 까리다바 이맘알야 바로기제 새바라 다바 니라간타 나막하리나야 마발다 이사미 살발타 사다남 수반아예염 살바 보다남 바바마라 미수다감 다냐타 옴 아로계 아로가 마지로가 지가란제 혜혜하례 마하모지 사다바 사마라 사마라 하리나야 구로구로 갈마 사다야 사다야 도로도로 미연제 마하미연제 다라다라 다린나례 새바라 자라자라 마라미마라 아마라 몰제예혜

혜 로계새바라 라아 미사미 나사야 나베사미사미
나사야 모하자라 미사미 나사야 호로호로 마라호로
하례 바나마나바 사라사라 시리시리 소로소로 못쟈
못쟈 모다야 모다야 매다리야 니라간타 가마사 날
사남 바라하라나야 마낙 사바하 싯다야 사바하 마
하싯다야 사바하 싯다유예 새바라야 사바하 니라간
타야 사바하 바라하 목카싱하 목카야 사바하 바나
마 하따야 사바하 자가라 욕다야 사바하 상카섭나
네 모다나야 사바하 마하라 구타다라야 사바하 바
마사간타 이사시체다 가릿나 이나야 사바하 먀가라
잘마니바 사나야 사바하

『나모라 다나다라 야야 나막알야 바로기제 새바라야
　사바하』(3번)

30

# 신묘장구대다라니

나모 라다나 다라야야 나막알약 바로기제 새바라야
모지사다바야 마하사다바야 마하가로 니가야 옴 살
바 바예수 다라나 가라야 다사명 나막 까리다바 이
맘알야 바로기제 새바라 다바 니라간타 나막하리나
야 마발다 이사미 살발타 사다남 수반아예염 살바
보다남 바바마라 미수다감 다냐타 옴 아로계 아로
가 마지로가 지가란제 혜혜하례 마하모지 사다바
사마라 사마라 하리나야 구로구로 갈마 사다야 사
다야 도로도로 미연제 마하미연제 다라다라 다린
나례 새바라 자라자라 마라미마라 아마라 몰제예혜

혜 로계새바라 라아 미사미 나사야 나베사미사미
나사야 모하자라 미사미 나사야 호로호로 마라호로
하례 바나마나바 사라사라 시리시리 소로소로 못쟈
못쟈 모다야 모다야 매다리야 니라간타 가마사 날
사남 바라하라나야 마낙 사바하 싯다야 사바하 마
하싯다야 사바하 싯다유예 새바라야 사바하 니라간
타야 사바하 바라하 목카싱하 목카야 사바하 바나
마 하따야 사바하 자가라 욕다야 사바하 상카섭나
네 모다나야 사바하 마하라 구타다라야 사바하 바
마사간타 이사시체다 가릿나 이나야 사바하 먀가라
잘마니바 사나야 사바하

『나모라 다나다라 야야 나막알야 바로기제 새바라야
　사바하』(3번)

# 신묘장구대다라니

나모 라다나 다라야야 나막알약 바로기제 새바라야
모지사다바야 마하사다바야 마하가로 니가야 옴 살
바 바예수 다라나 가라야 다사명 나막 까리다바 이
맘알야 바로기제 새바라 다바 니라간타 나막하리나
야 마발다 이사미 살발타 사다남 수반아예염 살바
보다남 바바마라 미수다감 다냐타 옴 아로계 아로
가 마지로가 지가란제 혜혜하례 마하모지 사다바
사마라 사마라 하리나야 구로구로 갈마 사다야 사
다야 도로도로 미연제 마하미연제 다라다라 다린
나례 새바라 자라자라 마라미마라 아마라 몰제예혜

혜 로계새바라 라아 미사미 나사야 나베사미사미 나사야 모하자라 미사미 나사야 호로호로 마라호로 하례 바나마나바 사라사라 시리시리 소로소로 못쟈 못쟈 모다야 모다야 매다리야 니라간타 가마사 날 사남 바라하라나야 마낙 사바하 싯다야 사바하 마 하싯다야 사바하 싯다유예 새바라야 사바하 니라간 타야 사바하 바라하 목카싱하 목카야 사바하 바나 마 하따야 사바하 자가라 욕다야 사바하 상카섭나 네 모다나야 사바하 마하라 구타다라야 사바하 바 마사간타 이사시체다 가릿나 이나야 사바하 먀가라 잘마니바 사나야 사바하

『나모라 다나다라 야야 나막알야 바로기제 새바라야 사바하』(3번)

32

 # 신묘장구대다라니

나모 라다나 다라야야 나막알약 바로기제 새바라야
모지사다바야 마하사다바야 마하가로 니가야 옴 살
바 바예수 다라나 가라야 다사명 나막 까리다바 이
맘알야 바로기제 새바라 다바 니라간타 나막하리나
야 마발다 이사미 살발타 사다남 수반아예염 살바
보다남 바바마라 미수다감 다냐타 옴 아로계 아로
가 마지로가 지가란제 혜혜하례 마하모지 사다바
사마라 사마라 하리나야 구로구로 갈마 사다야 사
다야 도로도로 미연제 마하미연제 다라다라 다린
나례 새바라 자라자라 마라미마라 아마라 몰제예혜

혜 로계새바라 라아 미사미 나사야 나베사미사미 나사야 모하자라 미사미 나사야 호로호로 마라호로 하례 바나마나바 사라사라 시리시리 소로소로 못쟈 못쟈 모다야 모다야 매다리야 니라간타 가마사 날 사남 바라하라나야 마낙 사바하 싯다야 사바하 마 하싯다야 사바하 싯다유예 새바라야 사바하 니라간 타야 사바하 바라하 목카싱하 목카야 사바하 바나 마 하따야 사바하 자가라 욕다야 사바하 상카섭나 네 모다나야 사바하 마하라 구타다라야 사바하 바 마사간타 이사시체다 가릿나 이나야 사바하 먀가라 잘마니바 사나야 사바하

『나모라 다나다라 야야 나막알야 바로기제 새바라야 사바하』 (3번)

33

 # 신묘장구대다라니

나모 라다나 다라야야 나막알약 바로기제 새바라야
모지사다바야 마하사다바야 마하가로 니가야 옴 살
바 바예수 다라나 가라야 다사명 나막 까리다바 이
맘알야 바로기제 새바라 다바 니라간타 나막하리나
야 마발다 이사미 살발타 사다남 수반아예염 살바
보다남 바바마라 미수다감 다냐타 옴 아로계 아로
가 마지로가 지가란제 혜혜하례 마하모지 사다바
사마라 사마라 하리나야 구로구로 갈마 사다야 사
다야 도로도로 미연제 마하미연제 다라다라 다린
나례 새바라 자라자라 마라미마라 아마라 몰제예혜

혜 로계새바라 라아 미사미 나사야 나베사미사미
나사야 모하자라 미사미 나사야 호로호로 마라호로
하례 바나마나바 사라사라 시리시리 소로소로 못쟈
못쟈 모다야 모다야 매다리야 니라간타 가마사 날
사남 바라하라나야 마낙 사바하 싯다야 사바하 마
하싯다야 사바하 싯다유예 새바라야 사바하 니라간
타야 사바하 바라하 목카싱하 목카야 사바하 바나
마 하따야 사바하 자가라 욕다야 사바하 상카섭나
네 모다나야 사바하 마하라 구타다라야 사바하 바
마사간타 이사시체다 가릿나 이나야 사바하 먀가라
잘마니바 사나야 사바하

『나모라 다나다라 야야 나막알야 바로기제 새바라야
 사바하』(3번)

34

신묘장구대다라니

나모 라다나 다라야야 나막알약 바로기제 새바라야
모지사다바야 마하사다바야 마하가로 니가야 옴 살
바 바예수 다라나 가라야 다사명 나막 까리다바 이
맘알야 바로기제 새바라 다바 니라간타 나막하리나
야 마발다 이사미 살발타 사다남 수반아예염 살바
보다남 바바마라 미수다감 다냐타 옴 아로계 아로
가 마지로가 지가란제 혜혜하례 마하모지 사다바
사마라 사마라 하리나야 구로구로 갈마 사다야 사
다야 도로도로 미연제 마하미연제 다라다라 다린
나례 새바라 자라자라 마라미마라 아마라 몰제예혜

혜 로계새바라 라아 미사미 나사야 나베사미사미
나사야 모하자라 미사미 나사야 호로호로 마라호로
하례 바나마나바 사라사라 시리시리 소로소로 못쟈
못쟈 모다야 모다야 매다리야 니라간타 가마사 날
사남 바라하라나야 마낙 사바하 싯다야 사바하 마
하싯다야 사바하 싯다유예 새바라야 사바하 니라간
타야 사바하 바라하 목카싱하 목카야 사바하 바나
마 하따야 사바하 자가라 욕다야 사바하 상카섭나
네 모다나야 사바하 마하라 구타다라야 사바하 바
마사간타 이사시체다 가릿나 이나야 사바하 먀가라
잘마니바 사나야 사바하

『나모라 다나다라 야야 나막알야 바로기제 새바라야
  사바하』(3번)

35

신묘장구대다라니

나모 라다나 다라야야 나막알약 바로기제 새바라야
모지사다바야 마하사다바야 마하가로 니가야 옴 살
바 바예수 다라나 가라야 다사명 나막 까리다바 이
맘알야 바로기제 새바라 다바 니라간타 나막하리나
야 마발다 이사미 살발타 사다남 수반아예염 살바
보다남 바바마라 미수다감 다냐타 옴 아로계 아로
가 마지로가 지가란제 혜혜하례 마하모지 사다바
사마라 사마라 하리나야 구로구로 갈마 사다야 사
다야 도로도로 미연제 마하미연제 다라다라 다린
나례 새바라 자라자라 마라미마라 아마라 몰제예혜

혜 로계새바라 라아 미사미 나사야 나베사미사미 나사야 모하자라 미사미 나사야 호로호로 마라호로 하례 바나마나바 사라사라 시리시리 소로소로 못쟈 못쟈 모다야 모다야 매다리야 니라간타 가마사 날사남 바라하라나야 마낙 사바하 싯다야 사바하 마하싯다야 사바하 싯다유예 새바라야 사바하 니라간타야 사바하 바라하 목카싱하 목카야 사바하 바나마 하따야 사바하 자가라 욕다야 사바하 상카섭나네 모다나야 사바하 마하라 구타다라야 사바하 바마사간타 이사시체다 가릿나 이나야 사바하 먀가라 잘마니바 사나야 사바하

『나모라 다나다라 야야 나막알야 바로기제 새바라야 사바하』(3번)

# 신묘장구대다라니

나모 라다나 다라야야 나막알약 바로기제 새바라야
모지사다바야 마하사다바야 마하가로 니가야 옴 살
바 바예수 다라나 가라야 다사명 나막 까리다바 이
맘알야 바로기제 새바라 다바 니라간타 나막하리나
야 마발다 이사미 살발타 사다남 수반아예염 살바
보다남 바바마라 미수다감 다냐타 옴 아로계 아로
가 마지로가 지가란제 혜혜하례 마하모지 사다바
사마라 사마라 하리나야 구로구로 갈마 사다야 사
다야 도로도로 미연제 마하미연제 다라다라 다린
나례 새바라 자라자라 마라미마라 아마라 몰제예혜

혜 로계새바라 라아 미사미 나사야 나베사미사미
나사야 모하자라 미사미 나사야 호로호로 마라호로
하례 바나마나바 사라사라 시리시리 소로소로 못쟈
못쟈 모다야 모다야 매다리야 니라간타 가마사 날
사남 바라하라나야 마낙 사바하 싯다야 사바하 마
하싯다야 사바하 싯다유예 새바라야 사바하 니라간
타야 사바하 바라하 목카싱하 목카야 사바하 바나
마 하따야 사바하 자가라 욕다야 사바하 상카섭나
네 모다나야 사바하 마하라 구타다라야 사바하 바
마사간타 이사시체다 가릿나 이나야 사바하 먀가라
잘마니바 사나야 사바하

『나모라 다나다라 야야 나막알야 바로기제 새바라야
  사바하』(3번)

37

 # 신묘장구대다라니

나모 라다나 다라야야 나막알약 바로기제 새바라야
모지사다바야 마하사다바야 마하가로 니가야 옴 살
바 바예수 다라나 가라야 다사명 나막 까리다바 이
맘알야 바로기제 새바라 다바 니라간타 나막하리나
야 마발다 이사미 살발타 사다남 수반아예염 살바
보다남 바바마라 미수다감 다냐타 옴 아로계 아로
가 마지로가 지가란제 혜혜하례 마하모지 사다바
사마라 사마라 하리나야 구로구로 갈마 사다야 사
다야 도로도로 미연제 마하미연제 다라다라 다린
나례 새바라 자라자라 마라미마라 아마라 몰제예혜

혜 로계새바라 라아 미사미 나사야 나베사미사미 나사야 모하자라 미사미 나사야 호로호로 마라호로 하례 바나마나바 사라사라 시리시리 소로소로 못쟈 못쟈 모다야 모다야 매다리야 니라간타 가마사 날사남 바라하라나야 마낙 사바하 싯다야 사바하 마하싯다야 사바하 싯다유예 새바라야 사바하 니라간타야 사바하 바라하 목카싱하 목카야 사바하 바나마 하따야 사바하 자가라 욕다야 사바하 상카섭나네 모다나야 사바하 마하라 구타다라야 사바하 바마사간타 이사시체다 가릿나 이나야 사바하 먀가라 잘마니바 사나야 사바하

『나모라 다나다라 야야 나막알야 바로기제 새바라야 사바하』(3번)

38

# 신묘장구대다라니

나모 라다나 다라야야 나막알약 바로기제 새바라야
모지사다바야 마하사다바야 마하가로 니가야 옴 살
바 바예수 다라나 가라야 다사명 나막 까리다바 이
맘알야 바로기제 새바라 다바 니라간타 나막하리나
야 마발다 이사미 살발타 사다남 수반아예염 살바
보다남 바바마라 미수다감 다냐타 옴 아로계 아로
가 마지로가 지가란제 혜혜하례 마하모지 사다바
사마라 사마라 하리나야 구로구로 갈마 사다야 사
다야 도로도로 미연제 마하미연제 다라다라 다린
나례 새바라 자라자라 마라미마라 아마라 몰제예혜

혜 로계새바라 라아 미사미 나사야 나베사미사미 나사야 모하자라 미사미 나사야 호로호로 마라호로 하례 바나마나바 사라사라 시리시리 소로소로 못쟈 못쟈 모다야 모다야 매다리야 니라간타 가마사 날 사남 바라하라나야 마낙 사바하 싯다야 사바하 마 하싯다야 사바하 싯다유예 새바라야 사바하 니라간 타야 사바하 바라하 목카싱하 목카야 사바하 바나 마 하따야 사바하 자가라 욕다야 사바하 상카섭나 네 모다나야 사바하 마하라 구타다라야 사바하 바 마사간타 이사시체다 가릿나 이나야 사바하 먀가라 잘마니바 사나야 사바하

『나모라 다나다라 야야 나막알야 바로기제 새바라야 사바하』(3번)

39

# 신묘장구대다라니

나모 라다나 다라야야 나막알약 바로기제 새바라야 모지사다바야 마하사다바야 마하가로 니가야 옴 살바 바예수 다라나 가라야 다사명 나막 까리다바 이맘알야 바로기제 새바라 다바 니라간타 나막하리나야 마발다 이사미 살발타 사다남 수반아예염 살바 보다남 바바마라 미수다감 다냐타 옴 아로계 아로가 마지로가 지가란제 혜혜하례 마하모지 사다바 사마라 사마라 하리나야 구로구로 갈마 사다야 사다야 도로도로 미연제 마하미연제 다라다라 다린나례 새바라 자라자라 마라미마라 아마라 몰제예혜

혜 로계새바라 라아 미사미 나사야 나베사미사미 나사야 모하자라 미사미 나사야 호로호로 마라호로 하례 바나마나바 사라사라 시리시리 소로소로 못쟈 못쟈 모다야 모다야 매다리야 니라간타 가마사 날 사남 바라하라나야 마낙 사바하 싯다야 사바하 마 하싯다야 사바하 싯다유예 새바라야 사바하 니라간 타야 사바하 바라하 목카싱하 목카야 사바하 바나 마 하따야 사바하 자가라 욕다야 사바하 상카섭나 네 모다나야 사바하 마하라 구타다라야 사바하 바 마사간타 이사시체다 가릿나 이나야 사바하 먀가라 잘마니바 사나야 사바하

『나모라 다나다라 야야 나막알야 바로기제 새바라야 사바하』(3번)

40

신묘장구대다라니

나모 라다나 다라야야 나막알약 바로기제 새바라야
모지사다바야 마하사다바야 마하가로 니가야 옴 살
바 바예수 다라나 가라야 다사명 나막 까리다바 이
맘알야 바로기제 새바라 다바 니라간타 나막하리나
야 마발다 이사미 살발타 사다남 수반아예염 살바
보다남 바바마라 미수다감 다냐타 옴 아로계 아로
가 마지로가 지가란제 혜혜하례 마하모지 사다바
사마라 사마라 하리나야 구로구로 갈마 사다야 사
다야 도로도로 미연제 마하미연제 다라다라 다린
나례 새바라 자라자라 마라미마라 아마라 몰제예혜

혜 로계새바라 라아 미사미 나사야 나베사미사미
나사야 모하자라 미사미 나사야 호로호로 마라호로
하례 바나마나바 사라사라 시리시리 소로소로 못쟈
못쟈 모다야 모다야 매다리야 니라간타 가마사 날
사남 바라하라나야 마낙 사바하 싯다야 사바하 마
하싯다야 사바하 싯다유예 새바라야 사바하 니라간
타야 사바하 바라하 목카싱하 목카야 사바하 바나
마 하따야 사바하 자가라 욕다야 사바하 상카섭나
네 모다나야 사바하 마하라 구타다라야 사바하 바
마사간타 이사시체다 가릿나 이나야 사바하 먀가라
잘마니바 사나야 사바하

『나모라 다나다라 야야 나막알야 바로기제 새바라야
  사바하』(3번)

41

 # 신묘장구대다라니

나모 라다나 다라야야 나막알약 바로기제 새바라야
모지사다바야 마하사다바야 마하가로 니가야 옴 살
바 바예수 다라나 가라야 다사명 나막 까리다바 이
맘알야 바로기제 새바라 다바 니라간타 나막하리나
야 마발다 이사미 살발타 사다남 수반아예염 살바
보다남 바바마라 미수다감 다냐타 옴 아로계 아로
가 마지로가 지가란제 혜혜하례 마하모지 사다바
사마라 사마라 하리나야 구로구로 갈마 사다야 사
다야 도로도로 미연제 마하미연제 다라다라 다린
나례 새바라 자라자라 마라미마라 아마라 몰제예혜

혜 로계새바라 라아 미사미 나사야 나베사미사미 나사야 모하자라 미사미 나사야 호로호로 마라호로 하례 바나마나바 사라사라 시리시리 소로소로 못쟈 못쟈 모다야 모다야 매다리야 니라간타 가마사 날 사남 바라하라나야 마낙 사바하 싯다야 사바하 마 하싯다야 사바하 싯다유예 새바라야 사바하 니라간 타야 사바하 바라하 목카싱하 목카야 사바하 바나 마 하따야 사바하 자가라 욕다야 사바하 상카섭나 네 모다나야 사바하 마하라 구타다라야 사바하 바 마사간타 이사시체다 가릿나 이나야 사바하 먀가라 잘마니바 사나야 사바하

『나모라 다나다라 야야 나막알야 바로기제 새바라야 사바하』 (3번)

42

# 신묘장구대다라니

나모 라다나 다라야야 나막알약 바로기제 새바라야
모지사다바야 마하사다바야 마하가로 니가야 옴 살
바 바예수 다라나 가라야 다사명 나막 까리다바 이
맘알야 바로기제 새바라 다바 니라간타 나막하리나
야 마발다 이사미 살발타 사다남 수반아예염 살바
보다남 바바마라 미수다감 다냐타 옴 아로계 아로
가 마지로가 지가란제 혜혜하례 마하모지 사다바
사마라 사마라 하리나야 구로구로 갈마 사다야 사
다야 도로도로 미연제 마하미연제 다라다라 다린
나례 새바라 자라자라 마라미마라 아마라 몰제예혜

혜 로계새바라 라아 미사미 나사야 나베사미사미
나사야 모하자라 미사미 나사야 호로호로 마라호로
하례 바나마나바 사라사라 시리시리 소로소로 못쟈
못쟈 모다야 모다야 매다리야 니라간타 가마사 날
사남 바라하라나야 마낙 사바하 싯다야 사바하 마
하싯다야 사바하 싯다유예 새바라야 사바하 니라간
타야 사바하 바라하 목카싱하 목카야 사바하 바나
마 하따야 사바하 자가라 욕다야 사바하 상카섭나
네 모다나야 사바하 마하라 구타다라야 사바하 바
마사간타 이사시체다 가릿나 이나야 사바하 먀가라
잘마니바 사나야 사바하

『나모라 다나다라 야야 나막알야 바로기제 새바라야
  사바하』(3번)

43

# 신묘장구대다라니

나모 라다나 다라야야 나막알약 바로기제 새바라야
모지사다바야 마하사다바야 마하가로 니가야 옴 살
바 바예수 다라나 가라야 다사명 나막 까리다바 이
맘알야 바로기제 새바라 다바 니라간타 나막하리나
야 마발다 이사미 살발타 사다남 수반아예염 살바
보다남 바바마라 미수다감 다냐타 옴 아로계 아로
가 마지로가 지가란제 혜혜하례 마하모지 사다바
사마라 사마라 하리나야 구로구로 갈마 사다야 사
다야 도로도로 미연제 마하미연제 다라다라 다린
나례 새바라 자라자라 마라미마라 아마라 몰제예혜

혜 로계새바라 라아 미사미 나사야 나베사미사미
나사야 모하자라 미사미 나사야 호로호로 마라호로
하례 바나마나바 사라사라 시리시리 소로소로 못쟈
못쟈 모다야 모다야 매다리야 니라간타 가마사 날
사남 바라하라나야 마낙 사바하 싯다야 사바하 마
하싯다야 사바하 싯다유예 새바라야 사바하 니라간
타야 사바하 바라하 목카싱하 목카야 사바하 바나
마 하따야 사바하 자가라 욕다야 사바하 상카섭나
네 모다나야 사바하 마하라 구타다라야 사바하 바
마사간타 이사시체다 가릿나 이나야 사바하 먀가라
잘마니바 사나야 사바하

『나모라 다나다라 야야 나막알야 바로기제 새바라야
  사바하』 (3번)

44

# 신묘장구대다라니

나모 라다나 다라야야 나막알약 바로기제 새바라야
모지사다바야 마하사다바야 마하가로 니가야 옴 살
바 바예수 다라나 가라야 다사명 나막 까리다바 이
맘알야 바로기제 새바라 다바 니라간타 나막하리나
야 마발다 이사미 살발타 사다남 수반아예염 살바
보다남 바바마라 미수다감 다냐타 옴 아로계 아로
가 마지로가 지가란제 혜혜하례 마하모지 사다바
사마라 사마라 하리나야 구로구로 갈마 사다야 사
다야 도로도로 미연제 마하미연제 다라다라 다린
나례 새바라 자라자라 마라미마라 아마라 몰제예혜

혜 로계새바라 라아 미사미 나사야 나베사미사미
나사야 모하자라 미사미 나사야 호로호로 마라호로
하례 바나마나바 사라사라 시리시리 소로소로 못쟈
못쟈 모다야 모다야 매다리야 니라간타 가마사 날
사남 바라하라나야 마낙 사바하 싯다야 사바하 마
하싯다야 사바하 싯다유예 새바라야 사바하 니라간
타야 사바하 바라하 목카싱하 목카야 사바하 바나
마 하따야 사바하 자가라 욕다야 사바하 상카섭나
네 모다나야 사바하 마하라 구타다라야 사바하 바
마사간타 이사시체다 가릿나 이나야 사바하 먀가라
잘마니바 사나야 사바하

『나모라 다나다라 야야 나막알야 바로기제 새바라야
　사바하』(3번)

 # 신묘장구대다라니

나모 라다나 다라야야 나막알약 바로기제 새바라야
모지사다바야 마하사다바야 마하가로 니가야 옴 살
바 바예수 다라나 가라야 다사명 나막 까리다바 이
맘알야 바로기제 새바라 다바 니라간타 나막하리나
야 마발다 이사미 살발타 사다남 수반아예염 살바
보다남 바바마라 미수다감 다냐타 옴 아로계 아로
가 마지로가 지가란제 혜혜하례 마하모지 사다바
사마라 사마라 하리나야 구로구로 갈마 사다야 사
다야 도로도로 미연제 마하미연제 다라다라 다린
나례 새바라 자라자라 마라미마라 아마라 몰제예혜

혜 로계새바라 라아 미사미 나사야 나베사미사미 나사야 모하자라 미사미 나사야 호로호로 마라호로 하례 바나마나바 사라사라 시리시리 소로소로 못쟈 못쟈 모다야 모다야 매다리야 니라간타 가마사 날사남 바라하라나야 마낙 사바하 싯다야 사바하 마하싯다야 사바하 싯다유예 새바라야 사바하 니라간타야 사바하 바라하 목카싱하 목카야 사바하 바나마 하따야 사바하 자가라 욕다야 사바하 상카섭나네 모다나야 사바하 마하라 구타다라야 사바하 바마사간타 이사시체다 가릿나 이나야 사바하 먀가라 잘마니바 사나야 사바하

『나모라 다나다라 야야 나막알야 바로기제 새바라야 사바하』 (3번)

46

신묘장구대다라니

나모 라다나 다라야야 나막알약 바로기제 새바라야 모지사다바야 마하사다바야 마하가로 니가야 옴 살바 바예수 다라나 가라야 다사명 나막 까리다바 이맘알야 바로기제 새바라 다바 니라간타 나막하리나야 마발다 이사미 살발타 사다남 수반아예염 살바 보다남 바바마라 미수다감 다냐타 옴 아로계 아로가 마지로가 지가란제 혜혜하례 마하모지 사다바 사마라 사마라 하리나야 구로구로 갈마 사다야 사다야 도로도로 미연제 마하미연제 다라다라 다린나례 새바라 자라자라 마라미마라 아마라 몰제예혜

혜 로계새바라 라아 미사미 나사야 나베사미사미 나사야 모하자라 미사미 나사야 호로호로 마라호로 하례 바나마나바 사라사라 시리시리 소로소로 못쟈 못쟈 모다야 모다야 매다리야 니라간타 가마사 날 사남 바라하라나야 마낙 사바하 싯다야 사바하 마 하싯다야 사바하 싯다유예 새바라야 사바하 니라간 타야 사바하 바라하 목카싱하 목카야 사바하 바나 마 하따야 사바하 자가라 욕다야 사바하 상카섭나 네 모다나야 사바하 마하라 구타다라야 사바하 바 마사간타 이사시체다 가릿나 이나야 사바하 먀가라 잘마니바 사나야 사바하

『나모라 다나다라 야야 나막알야 바로기제 새바라야
　사바하』(3번)

47

 # 신묘장구대다라니

나모 라다나 다라야야 나막알약 바로기제 새바라야
모지사다바야 마하사다바야 마하가로 니가야 옴 살
바 바예수 다라나 가라야 다사명 나막 까리다바 이
맘알야 바로기제 새바라 다바 니라간타 나막하리나
야 마발다 이사미 살발타 사다남 수반아예염 살바
보다남 바바마라 미수다감 다냐타 옴 아로계 아로
가 마지로가 지가란제 혜혜하례 마하모지 사다바
사마라 사마라 하리나야 구로구로 갈마 사다야 사
다야 도로도로 미연제 마하미연제 다라다라 다린
나례 새바라 자라자라 마라미마라 아마라 몰제예혜

혜 로계새바라 라아 미사미 나사야 나베사미사미 나사야 모하자라 미사미 나사야 호로호로 마라호로 하례 바나마나바 사라사라 시리시리 소로소로 못쟈 못쟈 모다야 모다야 매다리야 니라간타 가마사 날사남 바라하라나야 마낙 사바하 싯다야 사바하 마하싯다야 사바하 싯다유예 새바라야 사바하 니라간타야 사바하 바라하 목카싱하 목카야 사바하 바나마 하따야 사바하 자가라 욕다야 사바하 상카섭나네 모다나야 사바하 마하라 구타다라야 사바하 바마사간타 이사시체다 가릿나 이나야 사바하 먀가라 잘마니바 사나야 사바하

『나모라 다나다라 야야 나막알야 바로기제 새바라야 사바하』(3번)

48

 # 신묘장구대다라니

나모 라다나 다라야야 나막알약 바로기제 새바라야 모지사다바야 마하사다바야 마하가로 니가야 옴 살바 바예수 다라나 가라야 다사명 나막 까리다바 이맘알야 바로기제 새바라 다바 니라간타 나막하리나야 마발다 이사미 살발타 사다남 수반아예염 살바보다남 바바마라 미수다감 다냐타 옴 아로계 아로가 마지로가 지가란제 혜혜하례 마하모지 사다바 사마라 사마라 하리나야 구로구로 갈마 사다야 사다야 도로도로 미연제 마하미연제 다라다라 다린나레 새바라 자라자라 마라미마라 아마라 몰제예혜

혜 로계새바라 라아 미사미 나사야 나베사미사미
나사야 모하자라 미사미 나사야 호로호로 마라호로
하례 바나마나바 사라사라 시리시리 소로소로 못쟈
못쟈 모다야 모다야 매다리야 니라간타 가마사 날
사남 바라하라나야 마낙 사바하 싯다야 사바하 마
하싯다야 사바하 싯다유예 새바라야 사바하 니라간
타야 사바하 바라하 목카싱하 목카야 사바하 바나
마 하따야 사바하 자가라 욕다야 사바하 상카섭나
네 모다나야 사바하 마하라 구타다라야 사바하 바
마사간타 이사시체다 가릿나 이나야 사바하 먀가라
잘마니바 사나야 사바하

『나모라 다나다라 야야 나막알야 바로기제 새바라야
　사바하』(3번)

49

 # 신묘장구대다라니

나모 라다나 다라야야 나막알약 바로기제 새바라야 모지사다바야 마하사다바야 마하가로 니가야 옴 살바 바예수 다라나 가라야 다사명 나막 까리다바 이맘알야 바로기제 새바라 다바 니라간타 나막하리나야 마발다 이사미 살발타 사다남 수반아예염 살바 보다남 바바마라 미수다감 다냐타 옴 아로계 아로가 마지로가 지가란제 혜혜하례 마하모지 사다바 사마라 사마라 하리나야 구로구로 갈마 사다야 사다야 도로도로 미연제 마하미연제 다라다라 다린 나례 새바라 자라자라 마라미마라 아마라 몰제예혜

혜 로계새바라 라아 미사미 나사야 나베사미사미
나사야 모하자라 미사미 나사야 호로호로 마라호로
하례 바나마나바 사라사라 시리시리 소로소로 못쟈
못쟈 모다야 모다야 매다리야 니라간타 가마사 날
사남 바라하라나야 마낙 사바하 싯다야 사바하 마
하싯다야 사바하 싯다유예 새바라야 사바하 니라간
타야 사바하 바라하 목카싱하 목카야 사바하 바나
마 하따야 사바하 자가라 욕다야 사바하 상카섭나
네 모다나야 사바하 마하라 구타다라야 사바하 바
마사간타 이사시체다 가릿나 이나야 사바하 먀가라
잘마니바 사나야 사바하

『나모라 다나다라 야야 나막알야 바로기제 새바라야
　사바하』(3번)

50

 # 신묘장구대다라니

나모 라다나 다라야야 나막알약 바로기제 새바라야
모지사다바야 마하사다바야 마하가로 니가야 옴 살
바 바예수 다라나 가라야 다사명 나막 까리다바 이
맘알야 바로기제 새바라 다바 니라간타 나막하리나
야 마발다 이사미 살발타 사다남 수반아예염 살바
보다남 바바마라 미수다감 다냐타 옴 아로계 아로
가 마지로가 지가란제 혜혜하례 마하모지 사다바
사마라 사마라 하리나야 구로구로 갈마 사다야 사
다야 도로도로 미연제 마하미연제 다라다라 다린
나례 새바라 자라자라 마라미마라 아마라 몰제예혜

혜 로계새바라 라아 미사미 나사야 나베사미사미
나사야 모하자라 미사미 나사야 호로호로 마라호로
하례 바나마나바 사라사라 시리시리 소로소로 못쟈
못쟈 모다야 모다야 매다리야 니라간타 가마사 날
사남 바라하라나야 마낙 사바하 싯다야 사바하 마
하싯다야 사바하 싯다유예 새바라야 사바하 니라간
타야 사바하 바라하 목카싱하 목카야 사바하 바나
마 하따야 사바하 자가라 욕다야 사바하 상카섭나
네 모다나야 사바하 마하라 구타다라야 사바하 바
마사간타 이사시체다 가릿나 이나야 사바하 먀가라
잘마니바 사나야 사바하

『나모라 다나다라 야야 나막알야 바로기제 새바라야
  사바하』(3번)

51

 # 신묘장구대다라니

나모 라다나 다라야야 나막알약 바로기제 새바라야
모지사다바야 마하사다바야 마하가로 니가야 옴 살
바 바예수 다라나 가라야 다사명 나막 까리다바 이
맘알야 바로기제 새바라 다바 니라간타 나막하리나
야 마발다 이사미 살발타 사다남 수반아예염 살바
보다남 바바마라 미수다감 다냐타 옴 아로계 아로
가 마지로가 지가란제 혜혜하례 마하모지 사다바
사마라 사마라 하리나야 구로구로 갈마 사다야 사
다야 도로도로 미연제 마하미연제 다라다라 다린
나례 새바라 자라자라 마라미마라 아마라 몰제예혜

혜 로계새바라 라아 미사미 나사야 나베사미사미
나사야 모하자라 미사미 나사야 호로호로 마라호로
하례 바나마나바 사라사라 시리시리 소로소로 못쟈
못쟈 모다야 모다야 매다리야 니라간타 가마사 날
사남 바라하라나야 마낙 사바하 싯다야 사바하 마
하싯다야 사바하 싯다유예 새바라야 사바하 니라간
타야 사바하 바라하 목카싱하 목카야 사바하 바나
마 하따야 사바하 자가라 욕다야 사바하 상카섭나
네 모다나야 사바하 마하라 구타다라야 사바하 바
마사간타 이사시체다 가릿나 이나야 사바하 먀가라
잘마니바 사나야 사바하

『나모라 다나다라 야야 나막알야 바로기제 새바라야
  사바하』(3번)

 # 신묘장구대다라니

나모 라다나 다라야야 나막알약 바로기제 새바라야
모지사다바야 마하사다바야 마하가로 니가야 옴 살
바 바예수 다라나 가라야 다사명 나막 까리다바 이
맘알야 바로기제 새바라 다바 니라간타 나막하리나
야 마발다 이사미 살발타 사다남 수반아예염 살바
보다남 바바마라 미수다감 다냐타 옴 아로계 아로
가 마지로가 지가란제 혜혜하례 마하모지 사다바
사마라 사마라 하리나야 구로구로 갈마 사다야 사
다야 도로도로 미연제 마하미연제 다라다라 다린
나례 새바라 자라자라 마라미마라 아마라 몰제예혜

혜 로계새바라 라아 미사미 나사야 나베사미사미 나사야 모하자라 미사미 나사야 호로호로 마라호로 하례 바나마나바 사라사라 시리시리 소로소로 못쟈 못쟈 모다야 모다야 매다리야 니라간타 가마사 날사남 바라하라나야 마낙 사바하 싯다야 사바하 마하싯다야 사바하 싯다유예 새바라야 사바하 니라간타야 사바하 바라하 목카싱하 목카야 사바하 바나마 하따야 사바하 자가라 욕다야 사바하 상카섭나네 모다나야 사바하 마하라 구타다라야 사바하 바마사간타 이사시체다 가릿나 이나야 사바하 먀가라 잘마니바 사나야 사바하

『나모라 다나다라 야야 나막알야 바로기제 새바라야 사바하』(3번)

53

# 신묘장구대다라니

나모 라다나 다라야야 나막알약 바로기제 새바라야
모지사다바야 마하사다바야 마하가로 니가야 옴 살
바 바예수 다라나 가라야 다사명 나막 까리다바 이
맘알야 바로기제 새바라 다바 니라간타 나막하리나
야 마발다 이사미 살발타 사다남 수반아예염 살바
보다남 바바마라 미수다감 다냐타 옴 아로계 아로
가 마지로가 지가란제 혜혜하례 마하모지 사다바
사마라 사마라 하리나야 구로구로 갈마 사다야 사
다야 도로도로 미연제 마하미연제 다라다라 다린
나례 새바라 자라자라 마라미마라 아마라 몰제예혜

혜 로계새바라 라아 미사미 나사야 나베사미사미 나사야 모하자라 미사미 나사야 호로호로 마라호로 하례 바나마나바 사라사라 시리시리 소로소로 못쟈 못쟈 모다야 모다야 매다리야 니라간타 가마사 날사남 바라하라나야 마낙 사바하 싯다야 사바하 마하싯다야 사바하 싯다유예 새바라야 사바하 니라간타야 사바하 바라하 목카싱하 목카야 사바하 바나마 하따야 사바하 자가라 욕다야 사바하 상카섭나네 모다나야 사바하 마하라 구타다라야 사바하 바마사간타 이사시체다 가릿나 이나야 사바하 먀가라 잘마니바 사나야 사바하

『나모라 다나다라 야야 나막알야 바로기제 새바라야 사바하』 (3번)

# 신묘장구대다라니

나모 라다나 다라야야 나막알약 바로기제 새바라야 모지사다바야 마하사다바야 마하가로 니가야 옴 살바 바예수 다라나 가라야 다사명 나막 까리다바 이맘알야 바로기제 새바라 다바 니라간타 나막하리나야 마발다 이사미 살발타 사다남 수반아예염 살바 보다남 바바마라 미수다감 다냐타 옴 아로계 아로가 마지로가 지가란제 혜혜하례 마하모지 사다바 사마라 사마라 하리나야 구로구로 갈마 사다야 사다야 도로도로 미연제 마하미연제 다라다라 다린 나례 새바라 자라자라 마라미마라 아마라 몰제예혜

혜 로계새바라 라아 미사미 나사야 나베사미사미
나사야 모하자라 미사미 나사야 호로호로 마라호로
하례 바나마나바 사라사라 시리시리 소로소로 못쟈
못쟈 모다야 모다야 매다리야 니라간타 가마사 날
사남 바라하라나야 마낙 사바하 싯다야 사바하 마
하싯다야 사바하 싯다유예 새바라야 사바하 니라간
타야 사바하 바라하 목카싱하 목카야 사바하 바나
마 하따야 사바하 자가라 욕다야 사바하 상카섭나
네 모다나야 사바하 마하라 구타다라야 사바하 바
마사간타 이사시체다 가릿나 이나야 사바하 먀가라
잘마니바 사나야 사바하

『나모라 다나다라 야야 나막알야 바로기제 새바라야
  사바하』 (3번)

55

신묘장구대다라니

나모 라다나 다라야야 나막알약 바로기제 새바라야
모지사다바야 마하사다바야 마하가로 니가야 옴 살
바 바예수 다라나 가라야 다사명 나막 까리다바 이
맘알야 바로기제 새바라 다바 니라간타 나막하리나
야 마발다 이사미 살발타 사다남 수반아예염 살바
보다남 바바마라 미수다감 다냐타 옴 아로계 아로
가 마지로가 지가란제 혜혜하례 마하모지 사다바
사마라 사마라 하리나야 구로구로 갈마 사다야 사
다야 도로도로 미연제 마하미연제 다라다라 다린
나례 새바라 자라자라 마라미마라 아마라 몰제예혜

혜 로계새바라 라아 미사미 나사야 나베사미사미
나사야 모하자라 미사미 나사야 호로호로 마라호로
하례 바나마나바 사라사라 시리시리 소로소로 못쟈
못쟈 모다야 모다야 매다리야 니라간타 가마사 날
사남 바라하라나야 마낙 사바하 싯다야 사바하 마
하싯다야 사바하 싯다유예 새바라야 사바하 니라간
타야 사바하 바라하 목카싱하 목카야 사바하 바나
마 하따야 사바하 자가라 욕다야 사바하 상카섭나
네 모다나야 사바하 마하라 구타다라야 사바하 바
마사간타 이사시체다 가릿나 이나야 사바하 먀가라
잘마니바 사나야 사바하

『나모라 다나다라 야야 나막알야 바로기제 새바라야
  사바하』(3번)

 # 신묘장구대다라니

나모 라다나 다라야야 나막알약 바로기제 새바라야 모지사다바야 마하사다바야 마하가로 니가야 옴 살바 바예수 다라나 가라야 다사명 나막 까리다바 이맘알야 바로기제 새바라 다바 니라간타 나막하리나야 마발다 이사미 살발타 사다남 수반아예염 살바 보다남 바바마라 미수다감 다냐타 옴 아로계 아로가 마지로가 지가란제 혜혜하례 마하모지 사다바 사마라 사마라 하리나야 구로구로 갈마 사다야 사다야 도로도로 미연제 마하미연제 다라다라 다린나례 새바라 자라자라 마라미마라 아마라 몰제예혜

혜 로계새바라 라아 미사미 나사야 나베사미사미
나사야 모하자라 미사미 나사야 호로호로 마라호로
하례 바나마나바 사라사라 시리시리 소로소로 못쟈
못쟈 모다야 모다야 매다리야 니라간타 가마사 날
사남 바라하라나야 마낙 사바하 싯다야 사바하 마
하싯다야 사바하 싯다유예 새바라야 사바하 니라간
타야 사바하 바라하 목카싱하 목카야 사바하 바나
마 하따야 사바하 자가라 욕다야 사바하 상카섭나
네 모다나야 사바하 마하라 구타다라야 사바하 바
마사간타 이사시체다 가릿나 이나야 사바하 먀가라
잘마니바 사나야 사바하

『나모라 다나다라 야야 나막알야 바로기제 새바라야
  사바하』(3번)

57

# 신묘장구대다라니

나모 라다나 다라야야 나막알약 바로기제 새바라야 모지사다바야 마하사다바야 마하가로 니가야 옴 살바 바예수 다라나 가라야 다사명 나막 까리다바 이맘알야 바로기제 새바라 다바 니라간타 나막하리나야 마발다 이사미 살발타 사다남 수반아예염 살바 보다남 바바마라 미수다감 다냐타 옴 아로계 아로가 마지로가 지가란제 혜혜하례 마하모지 사다바 사마라 사마라 하리나야 구로구로 갈마 사다야 사다야 도로도로 미연제 마하미연제 다라다라 다린나례 새바라 자라자라 마라미마라 아마라 몰제예혜

혜 로계새바라 라아 미사미 나사야 나베사미사미
나사야 모하자라 미사미 나사야 호로호로 마라호로
하례 바나마나바 사라사라 시리시리 소로소로 못쟈
못쟈 모다야 모다야 매다리야 니라간타 가마사 날
사남 바라하라나야 마낙 사바하 싯다야 사바하 마
하싯다야 사바하 싯다유예 새바라야 사바하 니라간
타야 사바하 바라하 목카싱하 목카야 사바하 바나
마 하따야 사바하 자가라 욕다야 사바하 상카섭나
네 모다나야 사바하 마하라 구타다라야 사바하 바
마사간타 이사시체다 가릿나 이나야 사바하 먀가라
잘마니바 사나야 사바하

『나모라 다나다라 야야 나막알야 바로기제 새바라야
  사바하』(3번)

신묘장구대다라니

나모 라다나 다라야야 나막알약 바로기제 새바라야
모지사다바야 마하사다바야 마하가로 니가야 옴 살
바 바예수 다라나 가라야 다사명 나막 까리다바 이
맘알야 바로기제 새바라 다바 니라간타 나막하리나
야 마발다 이사미 살발타 사다남 수반아예염 살바
보다남 바바마라 미수다감 다냐타 옴 아로계 아로
가 마지로가 지가란제 혜혜하례 마하모지 사다바
사마라 사마라 하리나야 구로구로 갈마 사다야 사
다야 도로도로 미연제 마하미연제 다라다라 다린
나례 새바라 자라자라 마라미마라 아마라 몰제예혜

혜 로계새바라 라아 미사미 나사야 나베사미사미 나사야 모하자라 미사미 나사야 호로호로 마라호로 하례 바나마나바 사라사라 시리시리 소로소로 못쟈 못쟈 모다야 모다야 매다리야 니라간타 가마사 날사남 바라하라나야 마낙 사바하 싯다야 사바하 마하싯다야 사바하 싯다유예 새바라야 사바하 니라간타야 사바하 바라하 목카싱하 목카야 사바하 바나마 하따야 사바하 자가라 욕다야 사바하 상카섭나네 모다나야 사바하 마하라 구타다라야 사바하 바마사간타 이사시체다 가릿나 이나야 사바하 먀가라 잘마니바 사나야 사바하

『나모라 다나다라 야야 나막알야 바로기제 새바라야 사바하』(3번)

59

# 신묘장구대다라니

나모 라다나 다라야야 나막알약 바로기제 새바라야
모지사다바야 마하사다바야 마하가로 니가야 옴 살
바 바예수 다라나 가라야 다사명 나막 까리다바 이
맘알야 바로기제 새바라 다바 니라간타 나막하리나
야 마발다 이사미 살발타 사다남 수반아예염 살바
보다남 바바마라 미수다감 다냐타 옴 아로계 아로
가 마지로가 지가란제 혜혜하례 마하모지 사다바
사마라 사마라 하리나야 구로구로 갈마 사다야 사
다야 도로도로 미연제 마하미연제 다라다라 다린
나례 새바라 자라자라 마라미마라 아마라 몰제예혜

혜 로계새바라 라아 미사미 나사야 나베사미사미
나사야 모하자라 미사미 나사야 호로호로 마라호로
하례 바나마나바 사라사라 시리시리 소로소로 못쟈
못쟈 모다야 모다야 매다리야 니라간타 가마사 날
사남 바라하라나야 마낙 사바하 싯다야 사바하 마
하싯다야 사바하 싯다유예 새바라야 사바하 니라간
타야 사바하 바라하 목카싱하 목카야 사바하 바나
마 하따야 사바하 자가라 욕다야 사바하 상카섭나
네 모다나야 사바하 마하라 구타다라야 사바하 바
마사간타 이사시체다 가릿나 이나야 사바하 먀가라
잘마니바 사나야 사바하

『나모라 다나다라 야야 나막알야 바로기제 새바라야
　사바하』(3번)

60

# 신묘장구대다라니

나모 라다나 다라야야 나막알약 바로기제 새바라야
모지사다바야 마하사다바야 마하가로 니가야 옴 살
바 바예수 다라나 가라야 다사명 나막 까리다바 이
맘알야 바로기제 새바라 다바 니라간타 나막하리나
야 마발다 이사미 살발타 사다남 수반아예염 살바
보다남 바바마라 미수다감 다냐타 옴 아로계 아로
가 마지로가 지가란제 혜혜하례 마하모지 사다바
사마라 사마라 하리나야 구로구로 갈마 사다야 사
다야 도로도로 미연제 마하미연제 다라다라 다린
나례 새바라 자라자라 마라미마라 아마라 몰제예혜

혜 로계새바라 라아 미사미 나사야 나베사미사미
나사야 모하자라 미사미 나사야 호로호로 마라호로
하례 바나마나바 사라사라 시리시리 소로소로 못쟈
못쟈 모다야 모다야 매다리야 니라간타 가마사 날
사남 바라하라나야 마낙 사바하 싯다야 사바하 마
하싯다야 사바하 싯다유예 새바라야 사바하 니라간
타야 사바하 바라하 목카싱하 목카야 사바하 바나
마 하따야 사바하 자가라 욕다야 사바하 상카섭나
네 모다나야 사바하 마하라 구타다라야 사바하 바
마사간타 이사시체다 가릿나 이나야 사바하 먀가라
잘마니바 사나야 사바하

『나모라 다나다라 야야 나막알야 바로기제 새바라야
  사바하』(3번)

61

 # 신묘장구대다라니

나모 라다나 다라야야 나막알약 바로기제 새바라야
모지사다바야 마하사다바야 마하가로 니가야 옴 살
바 바예수 다라나 가라야 다사명 나막 까리다바 이
맘알야 바로기제 새바라 다바 니라간타 나막하리나
야 마발다 이사미 살발타 사다남 수반아예염 살바
보다남 바바마라 미수다감 다냐타 옴 아로계 아로
가 마지로가 지가란제 혜혜하례 마하모지 사다바
사마라 사마라 하리나야 구로구로 갈마 사다야 사
다야 도로도로 미연제 마하미연제 다라다라 다린
나례 새바라 자라자라 마라미마라 아마라 몰제예혜

혜 로계새바라 라아 미사미 나사야 나베사미사미
나사야 모하자라 미사미 나사야 호로호로 마라호로
하례 바나마나바 사라사라 시리시리 소로소로 못쟈
못쟈 모다야 모다야 매다리야 니라간타 가마사 날
사남 바라하라나야 마낙 사바하 싯다야 사바하 마
하싯다야 사바하 싯다유예 새바라야 사바하 니라간
타야 사바하 바라하 목카싱하 목카야 사바하 바나
마 하따야 사바하 자가라 욕다야 사바하 상카섭나
네 모다나야 사바하 마하라 구타다라야 사바하 바
마사간타 이사시체다 가릿나 이나야 사바하 먀가라
잘마니바 사나야 사바하

『나모라 다나다라 야야 나막알야 바로기제 새바라야
　사바하』(3번)

62

신묘장구대다라니

나모 라다나 다라야야 나막알약 바로기제 새바라야 모지사다바야 마하사다바야 마하가로 니가야 옴 살바 바예수 다라나 가라야 다사명 나막 까리다바 이맘알야 바로기제 새바라 다바 니라간타 나막하리나야 마발다 이사미 살발타 사다남 수반아예염 살바 보다남 바바마라 미수다감 다냐타 옴 아로계 아로가 마지로가 지가란제 혜혜하례 마하모지 사다바 사마라 사마라 하리나야 구로구로 갈마 사다야 사다야 도로도로 미연제 마하미연제 다라다라 다린 나례 새바라 자라자라 마라미마라 아마라 몰제예혜

혜 로계새바라 라아 미사미 나사야 나베사미사미
나사야 모하자라 미사미 나사야 호로호로 마라호로
하례 바나마나바 사라사라 시리시리 소로소로 못쟈
못쟈 모다야 모다야 매다리야 니라간타 가마사 날
사남 바라하라나야 마낙 사바하 싯다야 사바하 마
하싯다야 사바하 싯다유예 새바라야 사바하 니라간
타야 사바하 바라하 목카싱하 목카야 사바하 바나
마 하따야 사바하 자가라 욕다야 사바하 상카섭나
네 모다나야 사바하 마하라 구타다라야 사바하 바
마사간타 이사시체다 가릿나 이나야 사바하 먀가라
잘마니바 사나야 사바하

『나모라 다나다라 야야 나막알야 바로기제 새바라야
  사바하』 (3번)

# 신묘장구대다라니

나모 라다나 다라야야 나막알약 바로기제 새바라야

모지사다바야 마하사다바야 마하가로 니가야 옴 살

바 바예수 다라나 가라야 다사명 나막 까리다바 이

맘알야 바로기제 새바라 다바 니라간타 나막하리나

야 마발다 이사미 살발타 사다남 수반아예염 살바

보다남 바바마라 미수다감 다냐타 옴 아로계 아로

가 마지로가 지가란제 혜혜하례 마하모지 사다바

사마라 사마라 하리나야 구로구로 갈마 사다야 사

다야 도로도로 미연제 마하미연제 다라다라 다린

나례 새바라 자라자라 마라미마라 아마라 몰제예혜

혜 로계새바라 라아 미사미 나사야 나베사미사미
나사야 모하자라 미사미 나사야 호로호로 마라호로
하례 바나마나바 사라사라 시리시리 소로소로 못쟈
못쟈 모다야 모다야 매다리야 니라간타 가마사 날
사남 바라하라나야 마낙 사바하 싯다야 사바하 마
하싯다야 사바하 싯다유예 새바라야 사바하 니라간
타야 사바하 바라하 목카싱하 목카야 사바하 바나
마 하따야 사바하 자가라 욕다야 사바하 상카섭나
네 모다나야 사바하 마하라 구타다라야 사바하 바
마사간타 이사시체다 가릿나 이나야 사바하 먀가라
잘마니바 사나야 사바하

『나모라 다나다라 야야 나막알야 바로기제 새바라야
 사바하』(3번)

64

# 신묘장구대다라니

나모 라다나 다라야야 나막알약 바로기제 새바라야
모지사다바야 마하사다바야 마하가로 니가야 옴 살
바 바예수 다라나 가라야 다사명 나막 까리다바 이
맘알야 바로기제 새바라 다바 니라간타 나막하리나
야 마발다 이사미 살발타 사다남 수반아예염 살바
보다남 바바마라 미수다감 다냐타 옴 아로계 아로
가 마지로가 지가란제 혜혜하례 마하모지 사다바
사마라 사마라 하리나야 구로구로 갈마 사다야 사
다야 도로도로 미연제 마하미연제 다라다라 다린
나례 새바라 자라자라 마라미마라 아마라 몰제예혜

혜 로계새바라 라아 미사미 나사야 나베사미사미
나사야 모하자라 미사미 나사야 호로호로 마라호로
하례 바나마나바 사라사라 시리시리 소로소로 못쟈
못쟈 모다야 모다야 매다리야 니라간타 가마사 날
사남 바라하라나야 마낙 사바하 싯다야 사바하 마
하싯다야 사바하 싯다유예 새바라야 사바하 니라간
타야 사바하 바라하 목카싱하 목카야 사바하 바나
마 하따야 사바하 자가라 욕다야 사바하 상카섭나
네 모다나야 사바하 마하라 구타다라야 사바하 바
마사간타 이사시체다 가릿나 이나야 사바하 먀가라
잘마니바 사나야 사바하

『나모라 다나다라 야야 나막알야 바로기제 새바라야
  사바하』(3번)

# 신묘장구대다라니

나모 라다나 다라야야 나막알약 바로기제 새바라야
모지사다바야 마하사다바야 마하가로 니가야 옴 살
바 바예수 다라나 가라야 다사명 나막 까리다바 이
맘알야 바로기제 새바라 다바 니라간타 나막하리나
야 마발다 이사미 살발타 사다남 수반아예염 살바
보다남 바바마라 미수다감 다냐타 옴 아로계 아로
가 마지로가 지가란제 혜혜하례 마하모지 사다바
사마라 사마라 하리나야 구로구로 갈마 사다야 사
다야 도로도로 미연제 마하미연제 다라다라 다린
나례 새바라 자라자라 마라미마라 아마라 몰제예혜

혜 로계새바라 라아 미사미 나사야 나베사미사미
나사야 모하자라 미사미 나사야 호로호로 마라호로
하례 바나마나바 사라사라 시리시리 소로소로 못쟈
못쟈 모다야 모다야 매다리야 니라간타 가마사 날
사남 바라하라나야 마낙 사바하 싯다야 사바하 마
하싯다야 사바하 싯다유예 새바라야 사바하 니라간
타야 사바하 바라하 목카싱하 목카야 사바하 바나
마 하따야 사바하 자가라 욕다야 사바하 상카섭나
네 모다나야 사바하 마하라 구타다라야 사바하 바
마사간타 이사시체다 가릿나 이나야 사바하 먀가라
잘마니바 사나야 사바하

『나모라 다나다라 야야 나막알야 바로기제 새바라야
　사바하』(3번)

 # 신묘장구대다라니

나모 라다나 다라야야 나막알약 바로기제 새바라야 모지사다바야 마하사다바야 마하가로 니가야 옴 살바 바예수 다라나 가라야 다사명 나막 까리다바 이맘알야 바로기제 새바라 다바 니라간타 나막하리나야 마발다 이사미 살발타 사다남 수반아예염 살바 보다남 바바마라 미수다감 다냐타 옴 아로계 아로가 마지로가 지가란제 혜혜하례 마하모지 사다바 사마라 사마라 하리나야 구로구로 갈마 사다야 사다야 도로도로 미연제 마하미연제 다라다라 다린 나례 새바라 자라자라 마라미마라 아마라 몰제예혜

혜 로계새바라 라아 미사미 나사야 나베사미사미
나사야 모하자라 미사미 나사야 호로호로 마라호로
하례 바나마나바 사라사라 시리시리 소로소로 못쟈
못쟈 모다야 모다야 매다리야 니라간타 가마사 날
사남 바라하라나야 마낙 사바하 싯다야 사바하 마
하싯다야 사바하 싯다유예 새바라야 사바하 니라간
타야 사바하 바라하 목카싱하 목카야 사바하 바나
마 하따야 사바하 자가라 욕다야 사바하 상카섭나
네 모다나야 사바하 마하라 구타다라야 사바하 바
마사간타 이사시체다 가릿나 이나야 사바하 먀가라
잘마니바 사나야 사바하

『나모라 다나다라 야야 나막알야 바로기제 새바라야
  사바하』(3번)

67

 신묘장구대다라니

나모 라다나 다라야야 나막알약 바로기제 새바라야
모지사다바야 마하사다바야 마하가로 니가야 옴 살
바 바예수 다라나 가라야 다사명 나막 까리다바 이
맘알야 바로기제 새바라 다바 니라간타 나막하리나
야 마발다 이사미 살발타 사다남 수반아예염 살바
보다남 바바마라 미수다감 다냐타 옴 아로계 아로
가 마지로가 지가란제 혜혜하례 마하모지 사다바
사마라 사마라 하리나야 구로구로 갈마 사다야 사
다야 도로도로 미연제 마하미연제 다라다라 다린
나례 새바라 자라자라 마라미마라 아마라 몰제예혜

혜 로계새바라 라아 미사미 나사야 나베사미사미
나사야 모하자라 미사미 나사야 호로호로 마라호로
하례 바나마나바 사라사라 시리시리 소로소로 못쟈
못쟈 모다야 모다야 매다리야 니라간타 가마사 날
사남 바라하라나야 마낙 사바하 싯다야 사바하 마
하싯다야 사바하 싯다유예 새바라야 사바하 니라간
타야 사바하 바라하 목카싱하 목카야 사바하 바나
마 하따야 사바하 자가라 욕다야 사바하 상카섭나
네 모다나야 사바하 마하라 구타다라야 사바하 바
마사간타 이사시체다 가릿나 이나야 사바하 먀가라
잘마니바 사나야 사바하

『나모라 다나다라 야야 나막알야 바로기제 새바라야
  사바하』 (3번)

68

 신묘장구대다라니

나모 라다나 다라야야 나막알약 바로기제 새바라야
모지사다바야 마하사다바야 마하가로 니가야 옴 살
바 바예수 다라나 가라야 다사명 나막 까리다바 이
맘알야 바로기제 새바라 다바 니라간타 나막하리나
야 마발다 이사미 살발타 사다남 수반아예염 살바
보다남 바바마라 미수다감 다냐타 옴 아로계 아로
가 마지로가 지가란제 혜혜하례 마하모지 사다바
사마라 사마라 하리나야 구로구로 갈마 사다야 사
다야 도로도로 미연제 마하미연제 다라다라 다린
나례 새바라 자라자라 마라미마라 아마라 몰제예혜

혜 로계새바라 라아 미사미 나사야 나베사미사미 나사야 모하자라 미사미 나사야 호로호로 마라호로 하례 바나마나바 사라사라 시리시리 소로소로 못쟈 못쟈 모다야 모다야 매다리야 니라간타 가마사 날 사남 바라하라나야 마낙 사바하 싯다야 사바하 마 하싯다야 사바하 싯다유예 새바라야 사바하 니라간 타야 사바하 바라하 목카싱하 목카야 사바하 바나 마 하따야 사바하 자가라 욕다야 사바하 상카섭나 네 모다나야 사바하 마하라 구타다라야 사바하 바 마사간타 이사시체다 가릿나 이나야 사바하 먀가라 잘마니바 사나야 사바하

『나모라 다나다라 야야 나막알야 바로기제 새바라야 사바하』(3번)

69

# 신묘장구대다라니

나모 라다나 다라야야 나막알약 바로기제 새바라야
모지사다바야 마하사다바야 마하가로 니가야 옴 살
바 바예수 다라나 가라야 다사명 나막 까리다바 이
맘알야 바로기제 새바라 다바 니라간타 나막하리나
야 마발다 이사미 살발타 사다남 수반아예염 살바
보다남 바바마라 미수다감 다냐타 옴 아로계 아로
가 마지로가 지가란제 혜혜하례 마하모지 사다바
사마라 사마라 하리나야 구로구로 갈마 사다야 사
다야 도로도로 미연제 마하미연제 다라다라 다린
나례 새바라 자라자라 마라미마라 아마라 몰제예혜

혜 로계새바라 라아 미사미 나사야 나베사미사미 나사야 모하자라 미사미 나사야 호로호로 마라호로 하례 바나마나바 사라사라 시리시리 소로소로 못쟈 못쟈 모다야 모다야 매다리야 니라간타 가마사 날사남 바라하라나야 마낙 사바하 싯다야 사바하 마하싯다야 사바하 싯다유예 새바라야 사바하 니라간타야 사바하 바라하 목카싱하 목카야 사바하 바나마 하따야 사바하 자가라 욕다야 사바하 상카섭나네 모다나야 사바하 마하라 구타다라야 사바하 바마사간타 이사시체다 가릿나 이나야 사바하 먀가라 잘마니바 사나야 사바하

『나모라 다나다라 야야 나막알야 바로기제 새바라야 사바하』(3번)

 # 신묘장구대다라니

나모 라다나 다라야야 나막알약 바로기제 새바라야 모지사다바야 마하사다바야 마하가로 니가야 옴 살바 바예수 다라나 가라야 다사명 나막 까리다바 이맘알야 바로기제 새바라 다바 니라간타 나막하리나야 마발다 이사미 살발타 사다남 수반아예염 살바 보다남 바바마라 미수다감 다냐타 옴 아로계 아로가 마지로가 지가란제 혜혜하례 마하모지 사다바 사마라 사마라 하리나야 구로구로 갈마 사다야 사다야 도로도로 미연제 마하미연제 다라다라 다린나례 새바라 자라자라 마라미마라 아마라 몰제예혜

혜 로계새바라 라아 미사미 나사야 나베사미사미 나사야 모하자라 미사미 나사야 호로호로 마라호로 하례 바나마나바 사라사라 시리시리 소로소로 못쟈 못쟈 모다야 모다야 매다리야 니라간타 가마사 날사남 바라하라나야 마낙 사바하 싯다야 사바하 마하싯다야 사바하 싯다유예 새바라야 사바하 니라간타야 사바하 바라하 목카싱하 목카야 사바하 바나마 하따야 사바하 자가라 욕다야 사바하 상카섭나네 모다나야 사바하 마하라 구타다라야 사바하 바마사간타 이사시체다 가릿나 이나야 사바하 먀가라 잘마니바 사나야 사바하

『나모라 다나다라 야야 나막알야 바로기제 새바라야 사바하』 (3번)

 신묘장구대다라니

나모 라다나 다라야야 나막알약 바로기제 새바라야 모지사다바야 마하사다바야 마하가로 니가야 옴 살바 바예수 다라나 가라야 다사명 나막 까리다바 이맘알야 바로기제 새바라 다바 니라간타 나막하리나야 마발다 이사미 살발타 사다남 수반아예염 살바 보다남 바바마라 미수다감 다냐타 옴 아로계 아로가 마지로가 지가란제 혜혜하례 마하모지 사다바 사마라 사마라 하리나야 구로구로 갈마 사다야 사다야 도로도로 미연제 마하미연제 다라다라 다린 나례 새바라 자라자라 마라미마라 아마라 몰제예혜

혜 로계새바라 라아 미사미 나사야 나베사미사미
나사야 모하자라 미사미 나사야 호로호로 마라호로
하례 바나마나바 사라사라 시리시리 소로소로 못쟈
못쟈 모다야 모다야 매다리야 니라간타 가마사 날
사남 바라하라나야 마낙 사바하 싯다야 사바하 마
하싯다야 사바하 싯다유예 새바라야 사바하 니라간
타야 사바하 바라하 목카싱하 목카야 사바하 바나
마 하따야 사바하 자가라 욕다야 사바하 상카섭나
네 모다나야 사바하 마하라 구타다라야 사바하 바
마사간타 이사시체다 가릿나 이나야 사바하 먀가라
잘마니바 사나야 사바하

『나모라 다나다라 야야 나막알야 바로기제 새바라야
  사바하』(3번)

72

 # 신묘장구대다라니

나모 라다나 다라야야 나막알약 바로기제 새바라야
모지사다바야 마하사다바야 마하가로 니가야 옴 살
바 바예수 다라나 가라야 다사명 나막 까리다바 이
맘알야 바로기제 새바라 다바 니라간타 나막하리나
야 마발다 이사미 살발타 사다남 수반아예염 살바
보다남 바바마라 미수다감 다냐타 옴 아로계 아로
가 마지로가 지가란제 혜혜하례 마하모지 사다바
사마라 사마라 하리나야 구로구로 갈마 사다야 사
다야 도로도로 미연제 마하미연제 다라다라 다린
나례 새바라 자라자라 마라미마라 아마라 몰제예혜

혜 로계새바라 라아 미사미 나사야 나베사미사미
나사야 모하자라 미사미 나사야 호로호로 마라호로
하례 바나마나바 사라사라 시리시리 소로소로 못쟈
못쟈 모다야 모다야 매다리야 니라간타 가마사 날
사남 바라하라나야 마낙 사바하 싯다야 사바하 마
하싯다야 사바하 싯다유예 새바라야 사바하 니라간
타야 사바하 바라하 목카싱하 목카야 사바하 바나
마 하따야 사바하 자가라 욕다야 사바하 상카섭나
네 모다나야 사바하 마하라 구타다라야 사바하 바
마사간타 이사시체다 가릿나 이나야 사바하 먀가라
잘마니바 사나야 사바하

『나모라 다나다라 야야 나막알야 바로기제 새바라야
  사바하』(3번)

73

신묘장구대다라니

나모 라다나 다라야야 나막알약 바로기제 새바라야
모지사다바야 마하사다바야 마하가로 니가야 옴 살
바 바예수 다라나 가라야 다사명 나막 까리다바 이
맘알야 바로기제 새바라 다바 니라간타 나막하리나
야 마발다 이사미 살발타 사다남 수반아예염 살바
보다남 바바마라 미수다감 다냐타 옴 아로계 아로
가 마지로가 지가란제 혜혜하례 마하모지 사다바
사마라 사마라 하리나야 구로구로 갈마 사다야 사
다야 도로도로 미연제 마하미연제 다라다라 다린
나례 새바라 자라자라 마라미마라 아마라 몰제예혜

혜 로계새바라 라아 미사미 나사야 나베사미사미
나사야 모하자라 미사미 나사야 호로호로 마라호로
하례 바나마나바 사라사라 시리시리 소로소로 못쟈
못쟈 모다야 모다야 매다리야 니라간타 가마사 날
사남 바라하라나야 마낙 사바하 싯다야 사바하 마
하싯다야 사바하 싯다유예 새바라야 사바하 니라간
타야 사바하 바라하 목카싱하 목카야 사바하 바나
마 하따야 사바하 자가라 욕다야 사바하 상카섭나
네 모다나야 사바하 마하라 구타다라야 사바하 바
마사간타 이사시체다 가릿나 이나야 사바하 먀가라
잘마니바 사나야 사바하

『나모라 다나다라 야야 나막알야 바로기제 새바라야
　사바하』(3번)

# 신묘장구대다라니

나모 라다나 다라야야 나막알약 바로기제 새바라야 모지사다바야 마하사다바야 마하가로 니가야 옴 살바 바예수 다라나 가라야 다사명 나막 까리다바 이맘알야 바로기제 새바라 다바 니라간타 나막하리나야 마발다 이사미 살발타 사다남 수반아예염 살바 보다남 바바마라 미수다감 다냐타 옴 아로계 아로가 마지로가 지가란제 혜혜하례 마하모지 사다바 사마라 사마라 하리나야 구로구로 갈마 사다야 사다야 도로도로 미연제 마하미연제 다라다라 다린 나례 새바라 자라자라 마라미마라 아마라 몰제예혜

혜 로계새바라 라아 미사미 나사야 나베사미사미
나사야 모하자라 미사미 나사야 호로호로 마라호로
하례 바나마나바 사라사라 시리시리 소로소로 못쟈
못쟈 모다야 모다야 매다리야 니라간타 가마사 날
사남 바라하라나야 마낙 사바하 싯다야 사바하 마
하싯다야 사바하 싯다유예 새바라야 사바하 니라간
타야 사바하 바라하 목카싱하 목카야 사바하 바나
마 하따야 사바하 자가라 욕다야 사바하 상카섭나
네 모다나야 사바하 마하라 구타다라야 사바하 바
마사간타 이사시체다 가릿나 이나야 사바하 먀가라
잘마니바 사나야 사바하

『나모라 다나다라 야야 나막알야 바로기제 새바라야
  사바하』(3번)

75

 # 신묘장구대다라니

나모 라다나 다라야야 나막알약 바로기제 새바라야
모지사다바야 마하사다바야 마하가로 니가야 옴 살
바 바예수 다라나 가라야 다사명 나막 까리다바 이
맘알야 바로기제 새바라 다바 니라간타 나막하리나
야 마발다 이사미 살발타 사다남 수반아예염 살바
보다남 바바마라 미수다감 다냐타 옴 아로계 아로
가 마지로가 지가란제 혜혜하례 마하모지 사다바
사마라 사마라 하리나야 구로구로 갈마 사다야 사
다야 도로도로 미연제 마하미연제 다라다라 다린
나례 새바라 자라자라 마라미마라 아마라 몰제예혜

혜 로계새바라 라아 미사미 나사야 나베사미사미
나사야 모하자라 미사미 나사야 호로호로 마라호로
하례 바나마나바 사라사라 시리시리 소로소로 못쟈
못쟈 모다야 모다야 매다리야 니라간타 가마사 날
사남 바라하라나야 마낙 사바하 싯다야 사바하 마
하싯다야 사바하 싯다유예 새바라야 사바하 니라간
타야 사바하 바라하 목카싱하 목카야 사바하 바나
마 하따야 사바하 자가라 욕다야 사바하 상카섭나
네 모다나야 사바하 마하라 구타다라야 사바하 바
마사간타 이사시체다 가릿나 이나야 사바하 먀가라
잘마니바 사나야 사바하

『나모라 다나다라 야야 나막알야 바로기제 새바라야
 사바하』(3번)

76

# 신묘장구대다라니

나모 라다나 다라야야 나막알약 바로기제 새바라야
모지사다바야 마하사다바야 마하가로 니가야 옴 살
바 바예수 다라나 가라야 다사명 나막 까리다바 이
맘알야 바로기제 새바라 다바 니라간타 나막하리나
야 마발다 이사미 살발타 사다남 수반아예염 살바
보다남 바바마라 미수다감 다냐타 옴 아로계 아로
가 마지로가 지가란제 혜혜하례 마하모지 사다바
사마라 사마라 하리나야 구로구로 갈마 사다야 사
다야 도로도로 미연제 마하미연제 다라다라 다린
나례 새바라 자라자라 마라미마라 아마라 몰제예혜

혜 로계새바라 라아 미사미 나사야 나베사미사미
나사야 모하자라 미사미 나사야 호로호로 마라호로
하례 바나마나바 사라사라 시리시리 소로소로 못쟈
못쟈 모다야 모다야 매다리야 니라간타 가마사 날
사남 바라하라나야 마낙 사바하 싯다야 사바하 마
하싯다야 사바하 싯다유예 새바라야 사바하 니라간
타야 사바하 바라하 목카싱하 목카야 사바하 바나
마 하따야 사바하 자가라 욕다야 사바하 상카섭나
네 모다나야 사바하 마하라 구타다라야 사바하 바
마사간타 이사시체다 가릿나 이나야 사바하 먀가라
잘마니바 사나야 사바하

『나모라 다나다라 야야 나막알야 바로기제 새바라야
  사바하』(3번)

77

 # 신묘장구대다라니

나모 라다나 다라야야 나막알약 바로기제 새바라야 모지사다바야 마하사다바야 마하가로 니가야 옴 살바 바예수 다라나 가라야 다사명 나막 까리다바 이맘알야 바로기제 새바라 다바 니라간타 나막하리나야 마발다 이사미 살발타 사다남 수반아예염 살바 보다남 바바마라 미수다감 다냐타 옴 아로계 아로가 마지로가 지가란제 혜혜하례 마하모지 사다바 사마라 사마라 하리나야 구로구로 갈마 사다야 사다야 도로도로 미연제 마하미연제 다라다라 다린나례 새바라 자라자라 마라미마라 아마라 몰제예혜

혜 로계새바라 라아 미사미 나사야 나베사미사미 나사야 모하자라 미사미 나사야 호로호로 마라호로 하례 바나마나바 사라사라 시리시리 소로소로 못쟈 못쟈 모다야 모다야 매다리야 니라간타 가마사 날 사남 바라하라나야 마낙 사바하 싯다야 사바하 마 하싯다야 사바하 싯다유예 새바라야 사바하 니라간 타야 사바하 바라하 목카싱하 목카야 사바하 바나 마 하따야 사바하 자가라 욕다야 사바하 상카섭나 네 모다나야 사바하 마하라 구타다라야 사바하 바 마사간타 이사시체다 가릿나 이나야 사바하 먀가라 잘마니바 사나야 사바하

『나모라 다나다라 야야 나막알야 바로기제 새바라야
  사바하』(3번)

# 신묘장구대다라니

나모 라다나 다라야야 나막알약 바로기제 새바라야
모지사다바야 마하사다바야 마하가로 니가야 옴 살
바 바예수 다라나 가라야 다사명 나막 까리다바 이
맘알야 바로기제 새바라 다바 니라간타 나막하리나
야 마발다 이사미 살발타 사다남 수반아예염 살바
보다남 바바마라 미수다감 다냐타 옴 아로계 아로
가 마지로가 지가란제 혜혜하례 마하모지 사다바
사마라 사마라 하리나야 구로구로 갈마 사다야 사
다야 도로도로 미연제 마하미연제 다라다라 다린
나례 새바라 자라자라 마라미마라 아마라 몰제예혜

혜 로계새바라 라아 미사미 나사야 나베사미사미
나사야 모하자라 미사미 나사야 호로호로 마라호로
하례 바나마나바 사라사라 시리시리 소로소로 못쟈
못쟈 모다야 모다야 매다리야 니라간타 가마사 날
사남 바라하라나야 마낙 사바하 싯다야 사바하 마
하싯다야 사바하 싯다유예 새바라야 사바하 니라간
타야 사바하 바라하 목카싱하 목카야 사바하 바나
마 하따야 사바하 자가라 욕다야 사바하 상카섭나
네 모다나야 사바하 마하라 구타다라야 사바하 바
마사간타 이사시체다 가릿나 이나야 사바하 먀가라
잘마니바 사나야 사바하

『나모라 다나다라 야야 나막알야 바로기제 새바라야
　사바하』 (3번)

# 신묘장구대다라니

나모 라다나 다라야야 나막알약 바로기제 새바라야 모지사다바야 마하사다바야 마하가로 니가야 옴 살바 바예수 다라나 가라야 다사명 나막 까리다바 이맘알야 바로기제 새바라 다바 니라간타 나막하리나야 마발다 이사미 살발타 사다남 수반아예염 살바 보다남 바바마라 미수다감 다냐타 옴 아로계 아로가 마지로가 지가란제 혜혜하례 마하모지 사다바 사마라 사마라 하리나야 구로구로 갈마 사다야 사다야 도로도로 미연제 마하미연제 다라다라 다린 나례 새바라 자라자라 마라미마라 아마라 몰제예혜

혜 로계새바라 라아 미사미 나사야 나베사미사미
나사야 모하자라 미사미 나사야 호로호로 마라호로
하례 바나마나바 사라사라 시리시리 소로소로 못쟈
못쟈 모다야 모다야 매다리야 니라간타 가마사 날
사남 바라하라나야 마낙 사바하 싯다야 사바하 마
하싯다야 사바하 싯다유예 새바라야 사바하 니라간
타야 사바하 바라하 목카싱하 목카야 사바하 바나
마 하따야 사바하 자가라 욕다야 사바하 상카섭나
네 모다나야 사바하 마하라 구타다라야 사바하 바
마사간타 이사시체다 가릿나 이나야 사바하 먀가라
잘마니바 사나야 사바하

『나모라 다나다라 야야 나막알야 바로기제 새바라야
　사바하』(3번)

신묘장구대다라니

나모 라다나 다라야야 나막알약 바로기제 새바라야
모지사다바야 마하사다바야 마하가로 니가야 옴 살
바 바예수 다라나 가라야 다사명 나막 까리다바 이
맘알야 바로기제 새바라 다바 니라간타 나막하리나
야 마발다 이사미 살발타 사다남 수반아예염 살바
보다남 바바마라 미수다감 다냐타 옴 아로계 아로
가 마지로가 지가란제 혜혜하례 마하모지 사다바
사마라 사마라 하리나야 구로구로 갈마 사다야 사
다야 도로도로 미연제 마하미연제 다라다라 다린
나례 새바라 자라자라 마라미마라 아마라 몰제예혜

혜 로계새바라 라아 미사미 나사야 나베사미사미
나사야 모하자라 미사미 나사야 호로호로 마라호로
하례 바나마나바 사라사라 시리시리 소로소로 못쟈
못쟈 모다야 모다야 매다리야 니라간타 가마사 날
사남 바라하라나야 마낙 사바하 싯다야 사바하 마
하싯다야 사바하 싯다유예 새바라야 사바하 니라간
타야 사바하 바라하 목카싱하 목카야 사바하 바나
마 하따야 사바하 자가라 욕다야 사바하 상카섭나
네 모다나야 사바하 마하라 구타다라야 사바하 바
마사간타 이사시체다 가릿나 이나야 사바하 먀가라
잘마니바 사나야 사바하

『나모라 다나다라 야야 나막알야 바로기제 새바라야
  사바하』(3번)

81

 # 신묘장구대다라니

나모 라다나 다라야야 나막알약 바로기제 새바라야 모지사다바야 마하사다바야 마하가로 니가야 옴 살바 바예수 다라나 가라야 다사명 나막 까리다바 이맘알야 바로기제 새바라 다바 니라간타 나막하리나야 마발다 이사미 살발타 사다남 수반아예염 살바 보다남 바바마라 미수다감 다냐타 옴 아로계 아로가 마지로가 지가란제 혜혜하례 마하모지 사다바 사마라 사마라 하리나야 구로구로 갈마 사다야 사다야 도로도로 미연제 마하미연제 다라다라 다린나례 새바라 자라자라 마라미마라 아마라 몰제예혜

혜 로계새바라 라아 미사미 나사야 나베사미사미
나사야 모하자라 미사미 나사야 호로호로 마라호로
하례 바나마나바 사라사라 시리시리 소로소로 못쟈
못쟈 모다야 모다야 매다리야 니라간타 가마사 날
사남 바라하라나야 마낙 사바하 싯다야 사바하 마
하싯다야 사바하 싯다유예 새바라야 사바하 니라간
타야 사바하 바라하 목카싱하 목카야 사바하 바나
마 하따야 사바하 자가라 욕다야 사바하 상카섭나
네 모다나야 사바하 마하라 구타다라야 사바하 바
마사간타 이사시체다 가릿나 이나야 사바하 먀가라
잘마니바 사나야 사바하

『나모라 다나다라 야야 나막알야 바로기제 새바라야
　사바하』(3번)

82

 # 신묘장구대다라니

나모 라다나 다라야야 나막알약 바로기제 새바라야
모지사다바야 마하사다바야 마하가로 니가야 옴 살
바 바예수 다라나 가라야 다사명 나막 까리다바 이
맘알야 바로기제 새바라 다바 니라간타 나막하리나
야 마발다 이사미 살발타 사다남 수반아예염 살바
보다남 바바마라 미수다감 다냐타 옴 아로계 아로
가 마지로가 지가란제 혜혜하례 마하모지 사다바
사마라 사마라 하리나야 구로구로 갈마 사다야 사
다야 도로도로 미연제 마하미연제 다라다라 다린
나례 새바라 자라자라 마라미마라 아마라 몰제예혜

혜 로계새바라 라아 미사미 나사야 나베사미사미 나사야 모하자라 미사미 나사야 호로호로 마라호로 하례 바나마나바 사라사라 시리시리 소로소로 못쟈 못쟈 모다야 모다야 매다리야 니라간타 가마사 날사남 바라하라나야 마낙 사바하 싯다야 사바하 마하싯다야 사바하 싯다유예 새바라야 사바하 니라간타야 사바하 바라하 목카싱하 목카야 사바하 바나마 하따야 사바하 자가라 욕다야 사바하 상카섭나네 모다나야 사바하 마하라 구타다라야 사바하 바마사간타 이사시체다 가릿나 이나야 사바하 먀가라 잘마니바 사나야 사바하

『나모라 다나다라 야야 나막알야 바로기제 새바라야 사바하』 (3번)

83

# 신묘장구대다라니

나모 라다나 다라야야 나막알약 바로기제 새바라야
모지사다바야 마하사다바야 마하가로 니가야 옴 살
바 바예수 다라나 가라야 다사명 나막 까리다바 이
맘알야 바로기제 새바라 다바 니라간타 나막하리나
야 마발다 이사미 살발타 사다남 수반아예염 살바
보다남 바바마라 미수다감 다냐타 옴 아로계 아로
가 마지로가 지가란제 혜혜하례 마하모지 사다바
사마라 사마라 하리나야 구로구로 갈마 사다야 사
다야 도로도로 미연제 마하미연제 다라다라 다린
나례 새바라 자라자라 마라미마라 아마라 몰제예혜

혜 로계새바라 라아 미사미 나사야 나베사미사미
나사야 모하자라 미사미 나사야 호로호로 마라호로
하례 바나마나바 사라사라 시리시리 소로소로 못쟈
못쟈 모다야 모다야 매다리야 니라간타 가마사 날
사남 바라하라나야 마낙 사바하 싯다야 사바하 마
하싯다야 사바하 싯다유예 새바라야 사바하 니라간
타야 사바하 바라하 목카싱하 목카야 사바하 바나
마 하따야 사바하 자가라 욕다야 사바하 상카섭나
네 모다나야 사바하 마하라 구타다라야 사바하 바
마사간타 이사시체다 가릿나 이나야 사바하 먀가라
잘마니바 사나야 사바하

『나모라 다나다라 야야 나막알야 바로기제 새바라야
　사바하』(3번)

84

 # 신묘장구대다라니

나모 라다나 다라야야 나막알약 바로기제 새바라야
모지사다바야 마하사다바야 마하가로 니가야 옴 살
바 바예수 다라나 가라야 다사명 나막 까리다바 이
맘알야 바로기제 새바라 다바 니라간타 나막하리나
야 마발다 이사미 살발타 사다남 수반아예염 살바
보다남 바바마라 미수다감 다냐타 옴 아로계 아로
가 마지로가 지가란제 혜혜하례 마하모지 사다바
사마라 사마라 하리나야 구로구로 갈마 사다야 사
다야 도로도로 미연제 마하미연제 다라다라 다린
나례 새바라 자라자라 마라미마라 아마라 몰제예혜

혜 로계새바라 라아 미사미 나사야 나베사미사미
나사야 모하자라 미사미 나사야 호로호로 마라호로
하례 바나마나바 사라사라 시리시리 소로소로 못쟈
못쟈 모다야 모다야 매다리야 니라간타 가마사 날
사남 바라하라나야 마낙 사바하 싯다야 사바하 마
하싯다야 사바하 싯다유예 새바라야 사바하 니라간
타야 사바하 바라하 목카싱하 목카야 사바하 바나
마 하따야 사바하 자가라 욕다야 사바하 상카섭나
네 모다나야 사바하 마하라 구타다라야 사바하 바
마사간타 이사시체다 가릿나 이나야 사바하 먀가라
잘마니바 사나야 사바하

『나모라 다나다라 야야 나막알야 바로기제 새바라야
  사바하』(3번)

# 신묘장구대다라니

나모 라다나 다라야야 나막알약 바로기제 새바라야
모지사다바야 마하사다바야 마하가로 니가야 옴 살
바 바예수 다라나 가라야 다사명 나막 까리다바 이
맘알야 바로기제 새바라 다바 니라간타 나막하리나
야 마발다 이사미 살발타 사다남 수반아예염 살바
보다남 바바마라 미수다감 다냐타 옴 아로계 아로
가 마지로가 지가란제 혜혜하례 마하모지 사다바
사마라 사마라 하리나야 구로구로 갈마 사다야 사
다야 도로도로 미연제 마하미연제 다라다라 다린
나례 새바라 자라자라 마라미마라 아마라 몰제예혜

혜 로계새바라 라아 미사미 나사야 나베사미사미 나사야 모하자라 미사미 나사야 호로호로 마라호로 하례 바나마나바 사라사라 시리시리 소로소로 못쟈 못쟈 모다야 모다야 매다리야 니라간타 가마사 날사남 바라하라나야 마낙 사바하 싯다야 사바하 마하싯다야 사바하 싯다유예 새바라야 사바하 니라간타야 사바하 바라하 목카싱하 목카야 사바하 바나마 하따야 사바하 자가라 욕다야 사바하 상카섭나네 모다나야 사바하 마하라 구타다라야 사바하 바마사간타 이사시체다 가릿나 이나야 사바하 먀가라 잘마니바 사나야 사바하

『나모라 다나다라 야야 나막알야 바로기제 새바라야 사바하』(3번)

# 신묘장구대다라니

나모 라다나 다라야야 나막알약 바로기제 새바라야
모지사다바야 마하사다바야 마하가로 니가야 옴 살
바 바예수 다라나 가라야 다사명 나막 까리다바 이
맘알야 바로기제 새바라 다바 니라간타 나막하리나
야 마발다 이사미 살발타 사다남 수반아예염 살바
보다남 바바마라 미수다감 다냐타 옴 아로계 아로
가 마지로가 지가란제 혜혜하례 마하모지 사다바
사마라 사마라 하리나야 구로구로 갈마 사다야 사
다야 도로도로 미연제 마하미연제 다라다라 다린
나례 새바라 자라자라 마라미마라 아마라 몰제예혜

혜 로계새바라 라아 미사미 나사야 나베사미사미 나사야 모하자라 미사미 나사야 호로호로 마라호로 하례 바나마나바 사라사라 시리시리 소로소로 못쟈 못쟈 모다야 모다야 매다리야 니라간타 가마사 날 사남 바라하라나야 마낙 사바하 싯다야 사바하 마 하싯다야 사바하 싯다유예 새바라야 사바하 니라간 타야 사바하 바라하 목카싱하 목카야 사바하 바나 마 하따야 사바하 자가라 욕다야 사바하 상카섭나 네 모다나야 사바하 마하라 구타다라야 사바하 바 마사간타 이사시체다 가릿나 이나야 사바하 먀가라 잘마니바 사나야 사바하

『나모라 다나다라 야야 나막알야 바로기제 새바라야 사바하』 (3번)

87

 # 신묘장구대다라니

나모 라다나 다라야야 나막알약 바로기제 새바라야
모지사다바야 마하사다바야 마하가로 니가야 옴 살
바 바예수 다라나 가라야 다사명 나막 까리다바 이
맘알야 바로기제 새바라 다바 니라간타 나막하리나
야 마발다 이사미 살발타 사다남 수반아예염 살바
보다남 바바마라 미수다감 다냐타 옴 아로계 아로
가 마지로가 지가란제 혜혜하례 마하모지 사다바
사마라 사마라 하리나야 구로구로 갈마 사다야 사
다야 도로도로 미연제 마하미연제 다라다라 다린
나례 새바라 자라자라 마라미마라 아마라 몰제예혜

혜 로계새바라 라아 미사미 나사야 나베사미사미
나사야 모하자라 미사미 나사야 호로호로 마라호로
하례 바나마나바 사라사라 시리시리 소로소로 못쟈
못쟈 모다야 모다야 매다리야 니라간타 가마사 날
사남 바라하라나야 마낙 사바하 싯다야 사바하 마
하싯다야 사바하 싯다유예 새바라야 사바하 니라간
타야 사바하 바라하 목카싱하 목카야 사바하 바나
마 하따야 사바하 자가라 욕다야 사바하 상카섭나
네 모다나야 사바하 마하라 구타다라야 사바하 바
마사간타 이사시체다 가릿나 이나야 사바하 먀가라
잘마니바 사나야 사바하

『나모라 다나다라 야야 나막알야 바로기제 새바라야
  사바하』(3번)

88

# 신묘장구대다라니

나모 라다나 다라야야 나막알약 바로기제 새바라야
모지사다바야 마하사다바야 마하가로 니가야 옴 살
바 바예수 다라나 가라야 다사명 나막 까리다바 이
맘알야 바로기제 새바라 다바 니라간타 나막하리나
야 마발다 이사미 살발타 사다남 수반아예염 살바
보다남 바바마라 미수다감 다냐타 옴 아로계 아로
가 마지로가 지가란제 혜혜하례 마하모지 사다바
사마라 사마라 하리나야 구로구로 갈마 사다야 사
다야 도로도로 미연제 마하미연제 다라다라 다린
나례 새바라 자라자라 마라미마라 아마라 몰제예혜

혜 로계새바라 라아 미사미 나사야 나베사미사미
나사야 모하자라 미사미 나사야 호로호로 마라호로
하례 바나마나바 사라사라 시리시리 소로소로 못쟈
못쟈 모다야 모다야 매다리야 니라간타 가마사 날
사남 바라하라나야 마낙 사바하 싯다야 사바하 마
하싯다야 사바하 싯다유예 새바라야 사바하 니라간
타야 사바하 바라하 목카싱하 목카야 사바하 바나
마 하따야 사바하 자가라 욕다야 사바하 상카섭나
네 모다나야 사바하 마하라 구타다라야 사바하 바
마사간타 이사시체다 가릿나 이나야 사바하 먀가라
잘마니바 사나야 사바하

『나모라 다나다라 야야 나막알야 바로기제 새바라야
  사바하』(3번)

89

신묘장구대다라니

나모 라다나 다라야야 나막알약 바로기제 새바라야 모지사다바야 마하사다바야 마하가로 니가야 옴 살바 바예수 다라나 가라야 다사명 나막 까리다바 이맘알야 바로기제 새바라 다바 니라간타 나막하리나야 마발다 이사미 살발타 사다남 수반아예염 살바보다남 바바마라 미수다감 다냐타 옴 아로계 아로가 마지로가 지가란제 혜혜하례 마하모지 사다바 사마라 사마라 하리나야 구로구로 갈마 사다야 사다야 도로도로 미연제 마하미연제 다라다라 다린나례 새바라 자라자라 마라미마라 아마라 몰제예혜

혜 로계새바라 라아 미사미 나사야 나베사미사미
나사야 모하자라 미사미 나사야 호로호로 마라호로
하례 바나마나바 사라사라 시리시리 소로소로 못쟈
못쟈 모다야 모다야 매다리야 니라간타 가마사 날
사남 바라하라나야 마낙 사바하 싯다야 사바하 마
하싯다야 사바하 싯다유예 새바라야 사바하 니라간
타야 사바하 바라하 목카싱하 목카야 사바하 바나
마 하따야 사바하 자가라 욕다야 사바하 상카섭나
네 모다나야 사바하 마하라 구타다라야 사바하 바
마사간타 이사시체다 가릿나 이나야 사바하 먀가라
잘마니바 사나야 사바하

『나모라 다나다라 야야 나막알야 바로기제 새바라야
　사바하』(3번)

90

신묘장구대다라니

나모 라다나 다라야야 나막알약 바로기제 새바라야
모지사다바야 마하사다바야 마하가로 니가야 옴 살
바 바예수 다라나 가라야 다사명 나막 까리다바 이
맘알야 바로기제 새바라 다바 니라간타 나막하리나
야 마발다 이사미 살발타 사다남 수반아예염 살바
보다남 바바마라 미수다감 다냐타 옴 아로계 아로
가 마지로가 지가란제 혜혜하례 마하모지 사다바
사마라 사마라 하리나야 구로구로 갈마 사다야 사
다야 도로도로 미연제 마하미연제 다라다라 다린
나례 새바라 자라자라 마라미마라 아마라 몰제예혜

혜 로계새바라 라아 미사미 나사야 나베사미사미
나사야 모하자라 미사미 나사야 호로호로 마라호로
하례 바나마나바 사라사라 시리시리 소로소로 못쟈
못쟈 모다야 모다야 매다리야 니라간타 가마사 날
사남 바라하라나야 마낙 사바하 싯다야 사바하 마
하싯다야 사바하 싯다유예 새바라야 사바하 니라간
타야 사바하 바라하 목카싱하 목카야 사바하 바나
마 하따야 사바하 자가라 욕다야 사바하 상카섭나
네 모다나야 사바하 마하라 구타다라야 사바하 바
마사간타 이사시체다 가릿나 이나야 사바하 먀가라
잘마니바 사나야 사바하

『나모라 다나다라 야야 나막알야 바로기제 새바라야
  사바하』(3번)

91

신묘장구대다라니

나모 라다나 다라야야 나막알약 바로기제 새바라야
모지사다바야 마하사다바야 마하가로 니가야 옴 살
바 바예수 다라나 가라야 다사명 나막 까리다바 이
맘알야 바로기제 새바라 다바 니라간타 나막하리나
야 마발다 이사미 살발타 사다남 수반아예염 살바
보다남 바바마라 미수다감 다냐타 옴 아로계 아로
가 마지로가 지가란제 혜혜하례 마하모지 사다바
사마라 사마라 하리나야 구로구로 갈마 사다야 사
다야 도로도로 미연제 마하미연제 다라다라 다린
나례 새바라 자라자라 마라미마라 아마라 몰제예혜

혜 로계새바라 라아 미사미 나사야 나베사미사미 나사야 모하자라 미사미 나사야 호로호로 마라호로 하례 바나마나바 사라사라 시리시리 소로소로 못쟈 못쟈 모다야 모다야 매다리야 니라간타 가마사 날사남 바라하라나야 마낙 사바하 싯다야 사바하 마하싯다야 사바하 싯다유예 새바라야 사바하 니라간타야 사바하 바라하 목카싱하 목카야 사바하 바나마 하따야 사바하 자가라 욕다야 사바하 상카섭나네 모다나야 사바하 마하라 구타다라야 사바하 바마사간타 이사시체다 가릿나 이나야 사바하 먀가라 잘마니바 사나야 사바하

『나모라 다나다라 야야 나막알야 바로기제 새바라야 사바하』(3번)

 # 신묘장구대다라니

나모 라다나 다라야야 나막알약 바로기제 새바라야
모지사다바야 마하사다바야 마하가로 니가야 옴 살
바 바예수 다라나 가라야 다사명 나막 까리다바 이
맘알야 바로기제 새바라 다바 니라간타 나막하리나
야 마발다 이사미 살발타 사다남 수반아예염 살바
보다남 바바마라 미수다감 다냐타 옴 아로계 아로
가 마지로가 지가란제 혜혜하례 마하모지 사다바
사마라 사마라 하리나야 구로구로 갈마 사다야 사
다야 도로도로 미연제 마하미연제 다라다라 다린
나례 새바라 자라자라 마라미마라 아마라 몰제예혜

혜 로계새바라 라아 미사미 나사야 나베사미사미
나사야 모하자라 미사미 나사야 호로호로 마라호로
하례 바나마나바 사라사라 시리시리 소로소로 못쟈
못쟈 모다야 모다야 매다리야 니라간타 가마사 날
사남 바라하라나야 마낙 사바하 싯다야 사바하 마
하싯다야 사바하 싯다유예 새바라야 사바하 니라간
타야 사바하 바라하 목카싱하 목카야 사바하 바나
마 하따야 사바하 자가라 욕다야 사바하 상카섭나
네 모다나야 사바하 마하라 구타다라야 사바하 바
마사간타 이사시체다 가릿나 이나야 사바하 먀가라
잘마니바 사나야 사바하

『나모라 다나다라 야야 나막알야 바로기제 새바라야
  사바하』(3번)

93

# 신묘장구대다라니

나모 라다나 다라야야 나막알약 바로기제 새바라야
모지사다바야 마하사다바야 마하가로 니가야 옴 살
바 바예수 다라나 가라야 다사명 나막 까리다바 이
맘알야 바로기제 새바라 다바 니라간타 나막하리나
야 마발다 이사미 살발타 사다남 수반아예염 살바
보다남 바바마라 미수다감 다냐타 옴 아로계 아로
가 마지로가 지가란제 혜혜하례 마하모지 사다바
사마라 사마라 하리나야 구로구로 갈마 사다야 사
다야 도로도로 미연제 마하미연제 다라다라 다린
나례 새바라 자라자라 마라미마라 아마라 몰제예혜

혜 로계새바라 라아 미사미 나사야 나베사미사미
나사야 모하자라 미사미 나사야 호로호로 마라호로
하례 바나마나바 사라사라 시리시리 소로소로 못쟈
못쟈 모다야 모다야 매다리야 니라간타 가마사 날
사남 바라하라나야 마낙 사바하 싯다야 사바하 마
하싯다야 사바하 싯다유예 새바라야 사바하 니라간
타야 사바하 바라하 목카싱하 목카야 사바하 바나
마 하따야 사바하 자가라 욕다야 사바하 상카섭나
네 모다나야 사바하 마하라 구타다라야 사바하 바
마사간타 이사시체다 가릿나 이나야 사바하 먀가라
잘마니바 사나야 사바하

『나모라 다나다라 야야 나막알야 바로기제 새바라야
  사바하』 (3번)

94

 # 신묘장구대다라니

나모 라다나 다라야야 나막알약 바로기제 새바라야
모지사다바야 마하사다바야 마하가로 니가야 옴 살
바 바예수 다라나 가라야 다사명 나막 까리다바 이
맘알야 바로기제 새바라 다바 니라간타 나막하리나
야 마발다 이사미 살발타 사다남 수반아예염 살바
보다남 바바마라 미수다감 다냐타 옴 아로계 아로
가 마지로가 지가란제 혜혜하례 마하모지 사다바
사마라 사마라 하리나야 구로구로 갈마 사다야 사
다야 도로도로 미연제 마하미연제 다라다라 다린
나례 새바라 자라자라 마라미마라 아마라 몰제예혜

혜 로계새바라 라아 미사미 나사야 나베사미사미 나사야 모하자라 미사미 나사야 호로호로 마라호로 하례 바나마나바 사라사라 시리시리 소로소로 못쟈 못쟈 모다야 모다야 매다리야 니라간타 가마사 날사남 바라하라나야 마낙 사바하 싯다야 사바하 마하싯다야 사바하 싯다유예 새바라야 사바하 니라간타야 사바하 바라하 목카싱하 목카야 사바하 바나마 하따야 사바하 자가라 욕다야 사바하 상카섭나네 모다나야 사바하 마하라 구타다라야 사바하 바마사간타 이사시체다 가릿나 이나야 사바하 먀가라 잘마니바 사나야 사바하

『나모라 다나다라 야야 나막알야 바로기제 새바라야 사바하』(3번)

# 신묘장구대다라니

나모 라다나 다라야야 나막알약 바로기제 새바라야 모지사다바야 마하사다바야 마하가로 니가야 옴 살바 바예수 다라나 가라야 다사명 나막 까리다바 이맘알야 바로기제 새바라 다바 니라간타 나막하리나야 마발다 이사미 살발타 사다남 수반아예염 살바 보다남 바바마라 미수다감 다냐타 옴 아로계 아로가 마지로가 지가란제 혜혜하례 마하모지 사다바 사마라 사마라 하리나야 구로구로 갈마 사다야 사다야 도로도로 미연제 마하미연제 다라다라 다린 나례 새바라 자라자라 마라미마라 아마라 몰제예혜

혜 로계새바라 라아 미사미 나사야 나베사미사미
나사야 모하자라 미사미 나사야 호로호로 마라호로
하례 바나마나바 사라사라 시리시리 소로소로 못쟈
못쟈 모다야 모다야 매다리야 니라간타 가마사 날
사남 바라하라나야 마낙 사바하 싯다야 사바하 마
하싯다야 사바하 싯다유예 새바라야 사바하 니라간
타야 사바하 바라하 목카싱하 목카야 사바하 바나
마 하따야 사바하 자가라 욕다야 사바하 상카섭나
네 모다나야 사바하 마하라 구타다라야 사바하 바
마사간타 이사시체다 가릿나 이나야 사바하 먀가라
잘마니바 사나야 사바하

『나모라 다나다라 야야 나막알야 바로기제 새바라야
  사바하』(3번)

# 신묘장구대다라니

나모 라다나 다라야야 나막알약 바로기제 새바라야
모지사다바야 마하사다바야 마하가로 니가야 옴 살
바 바예수 다라나 가라야 다사명 나막 까리다바 이
맘알야 바로기제 새바라 다바 니라간타 나막하리나
야 마발다 이사미 살발타 사다남 수반아예염 살바
보다남 바바마라 미수다감 다냐타 옴 아로계 아로
가 마지로가 지가란제 혜혜하례 마하모지 사다바
사마라 사마라 하리나야 구로구로 갈마 사다야 사
다야 도로도로 미연제 마하미연제 다라다라 다린
나례 새바라 자라자라 마라미마라 아마라 몰제예혜

혜 로계새바라 라아 미사미 나사야 나베사미사미
나사야 모하자라 미사미 나사야 호로호로 마라호로
하례 바나마나바 사라사라 시리시리 소로소로 못쟈
못쟈 모다야 모다야 매다리야 니라간타 가마사 날
사남 바라하라나야 마낙 사바하 싯다야 사바하 마
하싯다야 사바하 싯다유예 새바라야 사바하 니라간
타야 사바하 바라하 목카싱하 목카야 사바하 바나
마 하따야 사바하 자가라 욕다야 사바하 상카섭나
네 모다나야 사바하 마하라 구타다라야 사바하 바
마사간타 이사시체다 가릿나 이나야 사바하 먀가라
잘마니바 사나야 사바하

『나모라 다나다라 야야 나막알야 바로기제 새바라야
　사바하』(3번)

97

 # 신묘장구대다라니

나모 라다나 다라야야 나막알약 바로기제 새바라야 모지사다바야 마하사다바야 마하가로 니가야 옴 살바 바예수 다라나 가라야 다사명 나막 까리다바 이맘알야 바로기제 새바라 다바 니라간타 나막하리나야 마발다 이사미 살발타 사다남 수반아예염 살바 보다남 바바마라 미수다감 다냐타 옴 아로계 아로가 마지로가 지가란제 혜혜하례 마하모지 사다바 사마라 사마라 하리나야 구로구로 갈마 사다야 사다야 도로도로 미연제 마하미연제 다라다라 다린 나례 새바라 자라자라 마라미마라 아마라 몰제예혜

혜 로계새바라 라아 미사미 나사야 나베사미사미
나사야 모하자라 미사미 나사야 호로호로 마라호로
하례 바나마나바 사라사라 시리시리 소로소로 못쟈
못쟈 모다야 모다야 매다리야 니라간타 가마사 날
사남 바라하라나야 마낙 사바하 싯다야 사바하 마
하싯다야 사바하 싯다유예 새바라야 사바하 니라간
타야 사바하 바라하 목카싱하 목카야 사바하 바나
마 하따야 사바하 자가라 욕다야 사바하 상카섭나
네 모다나야 사바하 마하라 구타다라야 사바하 바
마사간타 이사시체다 가릿나 이나야 사바하 먀가라
잘마니바 사나야 사바하

『나모라 다나다라 야야 나막알야 바로기제 새바라야
  사바하』(3번)

98

신묘장구대다라니

나모 라다나 다라야야 나막알약 바로기제 새바라야
모지사다바야 마하사다바야 마하가로 니가야 옴 살
바 바예수 다라나 가라야 다사명 나막 까리다바 이
맘알야 바로기제 새바라 다바 니라간타 나막하리나
야 마발다 이사미 살발타 사다남 수반아예염 살바
보다남 바바마라 미수다감 다냐타 옴 아로계 아로
가 마지로가 지가란제 혜혜하례 마하모지 사다바
사마라 사마라 하리나야 구로구로 갈마 사다야 사
다야 도로도로 미연제 마하미연제 다라다라 다린
나례 새바라 자라자라 마라미마라 아마라 몰제예혜

혜 로계새바라 라아 미사미 나사야 나베사미사미
나사야 모하자라 미사미 나사야 호로호로 마라호로
하례 바나마나바 사라사라 시리시리 소로소로 못쟈
못쟈 모다야 모다야 매다리야 니라간타 가마사 날
사남 바라하라나야 마낙 사바하 싯다야 사바하 마
하싯다야 사바하 싯다유예 새바라야 사바하 니라간
타야 사바하 바라하 목카싱하 목카야 사바하 바나
마 하따야 사바하 자가라 욕다야 사바하 상카섭나
네 모다나야 사바하 마하라 구타다라야 사바하 바
마사간타 이사시체다 가릿나 이나야 사바하 먀가라
잘마니바 사나야 사바하

『나모라 다나다라 야야 나막알야 바로기제 새바라야
  사바하』(3번)

99

 # 신묘장구대다라니

나모 라다나 다라야야 나막알약 바로기제 새바라야
모지사다바야 마하사다바야 마하가로 니가야 옴 살
바 바예수 다라나 가라야 다사명 나막 까리다바 이
맘알야 바로기제 새바라 다바 니라간타 나막하리나
야 마발다 이사미 살발타 사다남 수반아예염 살바
보다남 바바마라 미수다감 다냐타 옴 아로계 아로
가 마지로가 지가란제 혜혜하례 마하모지 사다바
사마라 사마라 하리나야 구로구로 갈마 사다야 사
다야 도로도로 미연제 마하미연제 다라다라 다린
나례 새바라 자라자라 마라미마라 아마라 몰제예혜

혜 로계새바라 라아 미사미 나사야 나베사미사미
나사야 모하자라 미사미 나사야 호로호로 마라호로
하례 바나마나바 사라사라 시리시리 소로소로 못쟈
못쟈 모다야 모다야 매다리야 니라간타 가마사 날
사남 바라하라나야 마낙 사바하 싯다야 사바하 마
하싯다야 사바하 싯다유예 새바라야 사바하 니라간
타야 사바하 바라하 목카싱하 목카야 사바하 바나
마 하따야 사바하 자가라 욕다야 사바하 상카섭나
네 모다나야 사바하 마하라 구타다라야 사바하 바
마사간타 이사시체다 가릿나 이나야 사바하 먀가라
잘마니바 사나야 사바하

『나모라 다나다라 야야 나막알야 바로기제 새바라야
　사바하』(3번)

100

# 신묘장구대다라니

나모 라다나 다라야야 나막알약 바로기제 새바라야
모지사다바야 마하사다바야 마하가로 니가야 옴 살
바 바예수 다라나 가라야 다사명 나막 까리다바 이
맘알야 바로기제 새바라 다바 니라간타 나막하리나
야 마발다 이사미 살발타 사다남 수반아예염 살바
보다남 바바마라 미수다감 다냐타 옴 아로계 아로
가 마지로가 지가란제 혜혜하례 마하모지 사다바
사마라 사마라 하리나야 구로구로 갈마 사다야 사
다야 도로도로 미연제 마하미연제 다라다라 다린
나례 새바라 자라자라 마라미마라 아마라 몰제예혜

혜 로계새바라 라아 미사미 나사야 나베사미사미 나사야 모하자라 미사미 나사야 호로호로 마라호로 하례 바나마나바 사라사라 시리시리 소로소로 못쟈 못쟈 모다야 모다야 매다리야 니라간타 가마사 날사남 바라하라나야 마낙 사바하 싯다야 사바하 마하싯다야 사바하 싯다유예 새바라야 사바하 니라간타야 사바하 바라하 목카싱하 목카야 사바하 바나마 하따야 사바하 자가라 욕다야 사바하 상카섭나네 모다나야 사바하 마하라 구타다라야 사바하 바마사간타 이사시체다 가릿나 이나야 사바하 먀가라 잘마니바 사나야 사바하

『나모라 다나다라 야야 나막알야 바로기제 새바라야 사바하』(3번)

# 신묘장구대다라니

나모 라다나 다라야야 나막알약 바로기제 새바라야
모지사다바야 마하사다바야 마하가로 니가야 옴 살
바 바예수 다라나 가라야 다사명 나막 까리다바 이
맘알야 바로기제 새바라 다바 니라간타 나막하리나
야 마발다 이사미 살발타 사다남 수반아예염 살바
보다남 바바마라 미수다감 다냐타 옴 아로계 아로
가 마지로가 지가란제 혜혜하례 마하모지 사다바
사마라 사마라 하리나야 구로구로 갈마 사다야 사
다야 도로도로 미연제 마하미연제 다라다라 다린
나례 새바라 자라자라 마라미마라 아마라 몰제예혜

혜 로계새바라 라아 미사미 나사야 나베사미사미 나사야 모하자라 미사미 나사야 호로호로 마라호로 하례 바나마나바 사라사라 시리시리 소로소로 못쟈 못쟈 모다야 모다야 매다리야 니라간타 가마사 날 사남 바라하라나야 마낙 사바하 싯다야 사바하 마 하싯다야 사바하 싯다유예 새바라야 사바하 니라간 타야 사바하 바라하 목카싱하 목카야 사바하 바나 마 하따야 사바하 자가라 욕다야 사바하 상카섭나 네 모다나야 사바하 마하라 구타다라야 사바하 바 마사간타 이사시체다 가릿나 이나야 사바하 먀가라 잘마니바 사나야 사바하

『나모라 다나다라 야야 나막알야 바로기제 새바라야 사바하』 (3번)

102

 # 신묘장구대다라니

나모 라다나 다라야야 나막알약 바로기제 새바라야
모지사다바야 마하사다바야 마하가로 니가야 옴 살
바 바예수 다라나 가라야 다사명 나막 까리다바 이
맘알야 바로기제 새바라 다바 니라간타 나막하리나
야 마발다 이사미 살발타 사다남 수반아예염 살바
보다남 바바마라 미수다감 다냐타 옴 아로계 아로
가 마지로가 지가란제 혜혜하례 마하모지 사다바
사마라 사마라 하리나야 구로구로 갈마 사다야 사
다야 도로도로 미연제 마하미연제 다라다라 다린
나례 새바라 자라자라 마라미마라 아마라 몰제예혜

혜 로계새바라 라아 미사미 나사야 나베사미사미 나사야 모하자라 미사미 나사야 호로호로 마라호로 하례 바나마나바 사라사라 시리시리 소로소로 못쟈 못쟈 모다야 모다야 매다리야 니라간타 가마사 날 사남 바라하라나야 마낙 사바하 싯다야 사바하 마 하싯다야 사바하 싯다유예 새바라야 사바하 니라간 타야 사바하 바라하 목카싱하 목카야 사바하 바나 마 하따야 사바하 자가라 욕다야 사바하 상카섭나 네 모다나야 사바하 마하라 구타다라야 사바하 바 마사간타 이사시체다 가릿나 이나야 사바하 먀가라 잘마니바 사나야 사바하

『나모라 다나다라 야야 나막알야 바로기제 새바라야 사바하』(3번)

103

# 신묘장구대다라니

나모 라다나 다라야야 나막알약 바로기제 새바라야
모지사다바야 마하사다바야 마하가로 니가야 옴 살
바 바예수 다라나 가라야 다사명 나막 까리다바 이
맘알야 바로기제 새바라 다바 니라간타 나막하리나
야 마발다 이사미 살발타 사다남 수반아예염 살바
보다남 바바마라 미수다감 다냐타 옴 아로계 아로
가 마지로가 지가란제 혜혜하례 마하모지 사다바
사마라 사마라 하리나야 구로구로 갈마 사다야 사
다야 도로도로 미연제 마하미연제 다라다라 다린
나례 새바라 자라자라 마라미마라 아마라 몰제예혜

혜 로계새바라 라아 미사미 나사야 나베사미사미
나사야 모하자라 미사미 나사야 호로호로 마라호로
하례 바나마나바 사라사라 시리시리 소로소로 못쟈
못쟈 모다야 모다야 매다리야 니라간타 가마사 날
사남 바라하라나야 마낙 사바하 싯다야 사바하 마
하싯다야 사바하 싯다유예 새바라야 사바하 니라간
타야 사바하 바라하 목카싱하 목카야 사바하 바나
마 하따야 사바하 자가라 욕다야 사바하 상카섭나
네 모다나야 사바하 마하라 구타다라야 사바하 바
마사간타 이사시체다 가릿나 이나야 사바하 먀가라
잘마니바 사나야 사바하

『나모라 다나다라 야야 나막알야 바로기제 새바라야
  사바하』 (3번)

 신묘장구대다라니

나모 라다나 다라야야 나막알약 바로기제 새바라야
모지사다바야 마하사다바야 마하가로 니가야 옴 살
바 바예수 다라나 가라야 다사명 나막 까리다바 이
맘알야 바로기제 새바라 다바 니라간타 나막하리나
야 마발다 이사미 살발타 사다남 수반아예염 살바
보다남 바바마라 미수다감 다냐타 옴 아로계 아로
가 마지로가 지가란제 혜혜하례 마하모지 사다바
사마라 사마라 하리나야 구로구로 갈마 사다야 사
다야 도로도로 미연제 마하미연제 다라다라 다린
나례 새바라 자라자라 마라미마라 아마라 몰제예혜

혜 로계새바라 라아 미사미 나사야 나베사미사미 나사야 모하자라 미사미 나사야 호로호로 마라호로 하례 바나마나바 사라사라 시리시리 소로소로 못쟈 못쟈 모다야 모다야 매다리야 니라간타 가마사 날사남 바라하라나야 마낙 사바하 싯다야 사바하 마하싯다야 사바하 싯다유예 새바라야 사바하 니라간타야 사바하 바라하 목카싱하 목카야 사바하 바나마 하따야 사바하 자가라 욕다야 사바하 상카섭나네 모다나야 사바하 마하라 구타다라야 사바하 바마사간타 이사시체다 가릿나 이나야 사바하 먀가라 잘마니바 사나야 사바하

『나모라 다나다라 야야 나막알야 바로기제 새바라야 사바하』(3번)

 # 신묘장구대다라니

나모 라다나 다라야야 나막알약 바로기제 새바라야
모지사다바야 마하사다바야 마하가로 니가야 옴 살
바 바예수 다라나 가라야 다사명 나막 까리다바 이
맘알야 바로기제 새바라 다바 니라간타 나막하리나
야 마발다 이사미 살발타 사다남 수반아예염 살바
보다남 바바마라 미수다감 다냐타 옴 아로계 아로
가 마지로가 지가란제 혜혜하례 마하모지 사다바
사마라 사마라 하리나야 구로구로 갈마 사다야 사
다야 도로도로 미연제 마하미연제 다라다라 다린
나례 새바라 자라자라 마라미마라 아마라 몰제예혜

혜 로계새바라 라아 미사미 나사야 나베사미사미 나사야 모하자라 미사미 나사야 호로호로 마라호로 하례 바나마나바 사라사라 시리시리 소로소로 못쟈 못쟈 모다야 모다야 매다리야 니라간타 가마사 날사남 바라하라나야 마낙 사바하 싯다야 사바하 마하싯다야 사바하 싯다유예 새바라야 사바하 니라간타야 사바하 바라하 목카싱하 목카야 사바하 바나마 하따야 사바하 자가라 욕다야 사바하 상카섭나네 모다나야 사바하 마하라 구타다라야 사바하 바마사간타 이사시체다 가릿나 이나야 사바하 먀가라 잘마니바 사나야 사바하

『나모라 다나다라 야야 나막알야 바로기제 새바라야 사바하』(3번)

106

신묘장구대다라니

나모 라다나 다라야야 나막알약 바로기제 새바라야
모지사다바야 마하사다바야 마하가로 니가야 옴 살
바 바예수 다라나 가라야 다사명 나막 까리다바 이
맘알야 바로기제 새바라 다바 니라간타 나막하리나
야 마발다 이사미 살발타 사다남 수반아예염 살바
보다남 바바마라 미수다감 다냐타 옴 아로계 아로
가 마지로가 지가란제 혜혜하례 마하모지 사다바
사마라 사마라 하리나야 구로구로 갈마 사다야 사
다야 도로도로 미연제 마하미연제 다라다라 다린
나례 새바라 자라자라 마라미마라 아마라 몰제예혜

혜 로계새바라 라아 미사미 나사야 나베사미사미 나사야 모하자라 미사미 나사야 호로호로 마라호로 하례 바나마나바 사라사라 시리시리 소로소로 못쟈 못쟈 모다야 모다야 매다리야 니라간타 가마사 날사남 바라하라나야 마낙 사바하 싯다야 사바하 마하싯다야 사바하 싯다유예 새바라야 사바하 니라간타야 사바하 바라하 목카싱하 목카야 사바하 바나마 하따야 사바하 자가라 욕다야 사바하 상카섭나네 모다나야 사바하 마하라 구타다라야 사바하 바마사간타 이사시체다 가릿나 이나야 사바하 먀가라 잘마니바 사나야 사바하

『나모라 다나다라 야야 나막알야 바로기제 새바라야 사바하』 (3번)

신묘장구대다라니

나모 라다나 다라야야 나막알약 바로기제 새바라야
모지사다바야 마하사다바야 마하가로 니가야 옴 살
바 바예수 다라나 가라야 다사명 나막 까리다바 이
맘알야 바로기제 새바라 다바 니라간타 나막하리나
야 마발다 이사미 살발타 사다남 수반아예염 살바
보다남 바바마라 미수다감 다냐타 옴 아로계 아로
가 마지로가 지가란제 혜혜하례 마하모지 사다바
사마라 사마라 하리나야 구로구로 갈마 사다야 사
다야 도로도로 미연제 마하미연제 다라다라 다린
나례 새바라 자라자라 마라미마라 아마라 몰제예혜

혜 로계새바라 라아 미사미 나사야 나베사미사미
나사야 모하자라 미사미 나사야 호로호로 마라호로
하례 바나마나바 사라사라 시리시리 소로소로 못쟈
못쟈 모다야 모다야 매다리야 니라간타 가마사 날
사남 바라하라나야 마낙 사바하 싯다야 사바하 마
하싯다야 사바하 싯다유예 새바라야 사바하 니라간
타야 사바하 바라하 목카싱하 목카야 사바하 바나
마 하따야 사바하 자가라 욕다야 사바하 상카섭나
네 모다나야 사바하 마하라 구타다라야 사바하 바
마사간타 이사시체다 가릿나 이나야 사바하 먀가라
잘마니바 사나야 사바하

『나모라 다나다라 야야 나막알야 바로기제 새바라야
  사바하』(3번)

사방찬

일쇄동방결도량   이쇄남방득청량
삼쇄서방구정토   사쇄북방영안강

도량찬

도량청정무하예   삼보천용강차지
아금지송묘진언   원사자비밀가호

참회게

아석소조제악업   개유무시탐진치
종신구의지소생   일체아금개참회

참제업장십이존불

나무참제업장보승장불   보광왕화염조불
일체향화자재력왕불   백억항하사결정불
진위덕불   금강견강소복괴산불

보광월전묘음존왕불　　환희장마니보적불

무진향승왕불　　사자월불

환희장엄주왕불　　제보당마니승광불

십악참회

살생중죄금일참회　　투도중죄금일참회

사음중죄금일참회　　망어중죄금일참회

기어중죄금일참회　　양설중죄금일참회

악구중죄금일참회　　탐애중죄금일참회

진에중죄금일참회　　치암중죄금일참회

백겁적집죄　　일념돈탕제

여화분고초　　멸진무유여

죄무자성종심기　　심약멸시죄역망

죄망심멸양구공　　시즉명위진참회

참회진언

『옴 살바 못자모지 사다야 사바하』 (3번)

준제찬

준제공덕취　　적정심상송

일체제대난　　무능침시인

천상급인간　　수복여불등

우차여의주　　정획무등등

『나무칠구지불모대준제보살』 (3번)

정법계진언

『옴 람』 (3번)

호신진언

『옴 치림』 (3번)

관세음보살 본심미묘 육자대명왕진언

『옴 마니 반메 훔』(3번)

준제진언

나무 사다남 삼먁삼못다 구치남 다냐타

『옴 자례주례 준제 사바하 부림』(3번)

준제발원

아금지송대준제　　즉발보리광대원

원아정혜속원명　　원아공덕개성취

원아승복변장엄　　원공중생성불도

여래십대발원문

원아영리삼악도　　원아속단탐진치

원아상문불법승　　원아근수계정혜

원아항수제불학　　원아불퇴보리심

원아결정생안양　　원아속견아미타

원아분신변진찰　　원아광도제중생

발사홍서원

중생무변서원도　　번뇌무진서원단

법문무량서원학　　불도무상서원성

자성중생서원도　　자성번뇌서원단

자성법문서원학　　자성불도서원성

발원이 귀명례삼보

『나무상주시방불

　나무상주시방법

　나무상주시방승』(3번)

정삼업진언

『옴 사바바바 수다살바 달마 사바바바 수도함』(3번)

개단진언

『옴 바아라 뇌로 다가다야 삼마야 바라베 사야훔』(3번)

건단진언

『옴 난다난다 나지나지 난다바리 사바하』(3번)

정법계진언

나자색선백　　공점이엄지

여피계명주　　치지어정상

진언동법계　　무량중죄제

일체촉예처　　당가차자문

『나무 사만다 못다남 남』(3번)

🪷 이산혜연선사 발원문

시방삼세　부처님과　팔만사천　큰법보와
보살성문　스님네께　지성귀의　하옵나니
자비하신　원력으로　굽어살펴　주옵소서
저희들이
참된성품　등지옵고　무명속에　뛰어들어
나고죽는　물결따라　빛과소리　물이들고
심술궂고　욕심내어　온갖번뇌　쌓았으며
보고듣고　맛봄으로　한량없는　죄를지어
잘못된길　갈팡질팡　생사고해　헤매면서
나와남을　집착하고　그른길만　찾아다녀
여러생에　지은업장　크고작은　많은허물
삼보전에　원력빌어　일심참회　하옵나니

바라옵건대

부처님이	이끄시고	보살님네	살피옵서
고통바다	헤어나서	열반언덕	가사이다
이세상의	명과복은	길이길이	창성하고
오는세상	불법지혜	무럭무럭	자라나서
날적마다	좋은국토	밝은스승	만나오며
바른신심	굳게세워	아이로서	출가하여
귀와눈이	총명하고	말과뜻이	진실하며
세상일에	물안들고	청정범행	닦고닦아
서리같이	엄한계율	털끝인들	범하리까
점 잖 은	거동으로	모든생명	사랑하여
이내목숨	버리어도	지성으로	보호하리
삼재팔난	만나잖고	불법인연	구족하며
반야지혜	드러나고	보살마음	견고하여
제불정법	잘배워서	대승진리	깨달은뒤
육바라밀	행을닦아	아승지겁	뛰어넘고

곳곳마다 설법으로 천겹만겹 의심끊고
마군중을 항복받고 삼 보 를 잇사올제
시방제불 섬기는일 잠깐인들 쉬오리까
온갖법문 다배워서 모두통달 하옵거든
복과지혜 함께늘어 무량중생 제도하며
여섯가지 신통얻고 무생법인 이룬뒤에
관음보살 대자비로 시방법계 다니면서
보현보살 행원으로 많은중생 건지올제
여러갈래 몸을나퉈 미묘법문 연설하고
지옥아귀 나쁜곳엔 광명놓고 신통보여
내모양을 보는이나 내이름을 듣는이는
보리마음 모두내어 윤회고를 벗어나되
화탕지옥 끓는물은 감로수로 변해지고
검수도산 날선칼날 연꽃으로 변화되어
고통받던 저중생들 극락세계 왕생하며
나는새와 기는짐승 원수맺고 빚진이들

온갖고통　벗어나서　좋은복락　누려지다
모진질병　돌적에는　약풀되어　치료하고
흉년드는　세상에는　쌀이되어　구제하되
여러중생　이익한일　한가진들　빼오리까
천겁만겁　내려오던　원수거나　친한이나
이세상의　권속들도　누구누구　할것없이
얽히었던　애정끊고　삼계고해　벗어나서
시방세계　중생들이　모두성불　하사이다
허공끝이　있사온들　이내소원　다하리까
유정들도　무정들도　일체종지　이뤄지다

나무 석가모니불
나무 석가모니불
나무 시아본사 석가모니불

마하반야바라밀다심경

관자재보살 행심반야바라밀다시 조견오온개공 도일체고액 사리자 색불이공 공불이색 색즉시공 공즉시색 수상행식 역부여시 사리자 시제법공상 불생불멸 불구부정 부증불감 시고 공중무색 무수상행식 무안이비설신의 무색성향미촉법 무안계 내지 무의식계 무무명 역무무명진 내지 무노사 역무노사진 무고집멸도 무지역무득 이무소득고 보리살타 의반야바라밀다고 심무가애 무가애고 무유공포 원리전도몽상 구경열반 삼세제불 의반야바라밀다고 득아뇩다라삼먁삼보리 고지 반야바라밀다 시대신주 시대명주 시무상주 시무등등주 능제일체고 진실불허 고설반야바라밀다주 즉설주왈

『아제아제 바라아제 바라승아제 모지 사바하』(3번)

🪷 마하반야바라밀다심경 (우리말)

관자재보살이 깊은 반야바라밀다를 행할 때,

오온이 공한 것을 비추어 보고

온갖 고통에서 건너느니라.

사리자여! 색이 공과 다르지 않고

공이 색과 다르지 않으며,

색이 곧 공이요 공이 곧 색이니,

수 상 행 식도 그러하니라.

사리자여! 모든 법은 공하여

나지도 멸하지도 않으며,

더럽지도 깨끗하지도 않으며,

늘지도 줄지도 않느니라.

그러므로 공 가운데는 색이 없고

수 상 행 식도 없으며,

안 이 비 설 신 의도 없고,

색 성 향 미 촉 법도 없으며,

눈의 경계도 의식의 경계까지도 없고,

무명도 무명이 다함까지도 없으며,

늙고 죽음도 늙고 죽음이 다함까지도 없고,

고 집 멸 도도 없으며,

지혜도 얻음도 없느니라.

얻을 것이 없는 까닭에 보살은

반야바라밀다를 의지하므로 마음에 걸림이 없고

걸림이 없으므로 두려움이 없어서,

뒤바뀐 헛된 생각을 멀리 떠나

완전한 열반에 들어가며,

삼세의 모든 부처님도 반야바라밀다를 의지하므로

최상의 깨달음을 얻느니라.

반야바라밀다는 가장 신비하고 밝은 주문이며

위없는 주문이며

무엇과도 견줄 수 없는 주문이니,
온갖 괴로움을 없애고 진실하여
허망하지 않음을 알지니라.
이제 반야바라밀다주를 말하리라.

『아제아제 바라아제 바라승아제 모지 사바하』(3번)

🪷 화엄경 약찬게

대방광불화엄경　용수보살약찬게
나무화장세계해　비로자나진법신
현재설법노사나　석가모니제여래
과거현재미래세　시방일체제대성
근본화엄전법륜　해인삼매세력고
보현보살제대중　집금강신신중신
족행신중도량신　주성신중주지신
주산신중주림신　주약신중주가신
주하신중주해신　주수신중주화신
주풍신중주공신　주방신중주야신
주주신중아수라　가루라왕긴나라
마후라가야차왕　제대용왕구반다

건달바왕월천자 일천자중도리천
야마천왕도솔천 화락천왕타화천
대범천왕광음천 변정천왕광과천
대자재왕불가설 보현문수대보살
법혜공덕금강당 금강장급금강혜
광염당급수미당 대덕성문사리자
급여비구해각등 우바새장우바이
선재동자동남녀 기수무량불가설
선재동자선지식 문수사리최제일
덕운해운선주승 미가해탈여해당
휴사비목구사선 승열바라자행녀
선견자재주동자 구족우바명지사
법보계장여보안 무염족왕대광왕
부동우바변행외 우바라화장자인
바시라선무상승 사자빈신바수밀
비슬지라거사인 관자재존여정취

대천안주주지신　바산바연주야신
보덕정광주야신　희목관찰중생신
보구중생묘덕신　적정음해주야신
수호일체주야신　개부수화주야신
대원정진력구호　묘덕원만구바녀
마야부인천주광　변우동자중예각
현승견고해탈장　묘월장자무승군
최적정바라문자　덕생동자유덕녀
미륵보살문수등　보현보살미진중
어차법회운집래　상수비로자나불
어련화장세계해　조화장엄대법륜
시방허공제세계　역부여시상설법
육육육사급여삼　일십일일역부일
세주묘엄여래상　보현삼매세계성
화장세계노사나　여래명호사성제
광명각품문명품　정행현수수미정

수미정상게찬품　보살십주범행품
발심공덕명법품　불승야마천궁품
야마천궁게찬품　십행품여무진장
불승도솔천궁품　도솔천궁게찬품
십회향급십지품　십정십통십인품
아승지품여수량　보살주처불부사
여래십신상해품　여래수호공덕품
보현행급여래출　이세간품입법계
시위십만게송경　삼십구품원만교
풍송차경신수지　초발심시변정각
안좌여시국토해　시명비로자나불

의상조사 법성게

법성원융무이상 제법부동본래적
무명무상절일체 증지소지비여경
진성심심극미묘 불수자성수연성
일중일체다중일 일즉일체다즉일
일미진중함시방 일체진중역여시
무량원겁즉일념 일념즉시무량겁
구세십세호상즉 잉불잡란격별성
초발심시변정각 생사열반상공화
이사명연무분별 십불보현대인경
능입해인삼매중 번출여의부사의
우보익생만허공 중생수기득이익
시고행자환본제 파식망상필부득

무연선교착여의　　귀가수분득자량
이다라니무진보　　장엄법계실보전
궁좌실제중도상　　구래부동명위불

해탈주

나무 동방 해탈주세계

허공공덕 청정미진 등목단정 공덕상

광명화 파두마 유리광보체상

최상향 공양흘 종종장엄정계

무량무변 일월광명 원력장엄

변화장엄 법계출생 무장애왕

『여래아라하 삼먁삼불타』(3번)

회향게

원이차공덕　　보급어일체
아등여중생　　당생극락국
동견무량수　　개공성불도

이 공덕이 모든 곳에 두루 퍼져서
우리 모두 극락세계 태어나서
아미타불 친견하고
모두 함께 성불하여지이다.

발원문

불자의 발원

자녀를 위한 부모의 발원문

불자의 발원

자비하신 부처님, 두 손 모아 기원하옵니다.
저의 정성 굽어살피시고 이 기도에 감응하소서.

자비하신 부처님,
대자대비 관세음보살님,
부처님께 기도드리고 발원하는 이 인연공덕으로
저와 제 가족, 함께하는 동료와 이웃이
안락하고 행복하기를 기원합니다.

제가 알게 모르게 지은 모든 죄업들
지극한 마음으로 참회하나니
마른풀이 큰 불길에 타 없어지듯
죄업들 하루속히 사라지게 하여지이다.

오늘 참회하고 발원하는 이 공덕으로

저와 제 가족, 함께하는 동료와 이웃이

괴로움과 번뇌에 들지 않도록 보호하여 주시고

다툼과 공포와 불안에 빠지지 않도록

옹호하여 주시기를 기원합니다.

자비하신 부처님,

대자대비 관세음보살님,

세상살이 가운데서 저와 제 가정,

함께하는 동료와 이웃이

가난과 질병과 다툼을 멀리하고

언제 어디서나 건강하고 풍요롭고

화합하는 삶 이루도록

가피 주시기를 기원합니다.

눈먼 욕심이나 헛된 분노나

스스로를 괴롭히는 어리석음에 들지 않도록
저와 제 가족을 옹호하소서.

바라옵건대
언제 어디서나 널리 베풀고
평안하고 지혜로운 삶 이루도록
인도하여 주시기를 발원합니다.

함께하는 동료와 이웃의
믿고 의지하는 기둥이 되고
등불 되기를 발원하옵나니
제가 이런 삶 살아가도록
지혜와 힘과 방편력을 내리소서.

간절한 마음으로 기원하옵나니
제가 하는 모든 일 원만히 이루어지고
바라는 큰 소망 이루어지도록

자비하신 부처님,
대자대비 관세음보살님,
자비로 옹호하여 주시고
명훈가피를 내리소서.

나무 관세음보살
나무 관세음보살
나무 관세음보살

자녀를 위한 부모의 발원문

온 누리에 항상 계신 자비로우신 부처님,
지심으로 정례하옵고
저희 자녀들이 이렇게 성장하기를
간절히 발원하옵니다.

성스러운 부처님의 가르침에 눈뜨게 하시고
배움에 철저하고 언행이 일치하며
지난날을 거울 삼아 오늘에 충실하고
차분한 마음으로 미래를 개척하며
자신의 모든 것을 책임질 줄 아는
신념 있는 자녀로 자라나게 하소서.

역경을 딛고 일어섰을 때 겸손할 수 있고

상대에게 너그럽고 정의를 존중하며
자신을 절제하여 인생을 낭비하지 않고
내실 있는 삶을 추구하는 자녀로 성장하게 하소서.

태산 같은 이상을 갖되
드러누운 풀잎처럼 겸손하고
온유한 자세를 잃지 않으며
부모 형제와 이웃과 직장과 사회가 필요로 하고
또한 찾는 사람이 되게 하여 주소서.

저희의 이 간곡한 소망을 가엾이 여기시고
보살펴 주옵소서.
거룩하신 부처님의 명호를 빌려 발원하옵니다.

나무 석가모니불
나무 석가모니불
나무 시아본사 석가모니불

신묘장구대다라니
108독 기도집

| **초판 1쇄 발행_** 2026년 2월 11일

| **엮음_** 담앤북스 출판부

| **펴낸이_** 오세룡
| **펴낸곳_** 담앤북스
| **주소_** 서울특별시 종로구 새문안로3길 23 경희궁의 아침 4단지 805호
| **전화_** 02)765-1251(영업부) 02)765-1250(편집부)
| **전송_** 02)764-1251
| **전자우편_** dhamenbooks@naver.com
| **출판등록_** 제300-2011-115호
| ISBN_ 979-11-6201-572-8 (13220)

정가 15,000원